Manja Reinhard

Zu Fuß durch LEIPZIG

12 Spaziergänge

D

Zu Fuß durch LEIPZIG

Liebe Stadtverliebte,

Leipzig hat seinen ganz eigenen Charme, der irgendwo zwischen rau und glatt, zwischen Urbanität und Boomtown, zwischen Coolness und sympathischem Größenwahn liegt. Laut einer Umfrage der Europäischen Kommission 2023 belegt die Stadt Platz vier unter den lebenswertesten Städten in Europa, und das völlig zu Recht. Dabei ist Leipzig nicht nur lebens-, sondern auch **liebenswert.** Aber das wirklich Spektakuläre sind nicht die berühmten Sehenswürdigkeiten, sondern die Gewissheit, dass man sich einfach treiben lassen kann und (fast) immer an einem guten Ort strandet. Die Freundlichkeit und Gelassenheit Leipzigs wirken **magisch,** ja geradezu ansteckend. Jeder Ort bekommt einen Spitznamen. Selbst das martialisch daherkommende Völkerschlachtdenkmal wirkt klein und niedlich, wenn alle es nur Völki nennen. Und vor allem ist Leipzig vielfältig: Es ist Messe- und Buchstadt, Musik- und Kunststadt und nicht zuletzt eine grüne Stadt.

„Mein Leipzig lob' ich mir!
Es ist ein Klein Paris und bildet seine Leute."
Goethe

Lassen Sie uns gemeinsam die Facetten der Stadt in zwölf thematisch verschieden gelagerten **Spaziergängen** entdecken. Dabei bleibt auch immer die Zeit für eine Einkehr, bei schönem Wetter gern auch auf dem Freisitz – das Leipziger Wort für den Ort, an dem man draußen sitzen kann, in Abgrenzung zum Biergarten.

Ihre Manja Reinhardt

1

Start/Ziel: Merkurhaus, Markgrafenstraße 2, 04109 Leipzig
Länge: ca. 3,5 Kilometer
Dauer: ca. 1,5 Stunden
ÖPNV: S-Bahnhof, Tram- und Bushaltestelle Wilhelm-Leuschner-Platz
Parken: Parkhaus Burgplatz, Burgplatz 5, 04109 Leipzig,
oder Parkhaus Neo, Neumarkt 30, 04109 Leipzig

UNTERWEGS ENTDECKT

1. Pilzsäule
2. Städtisches Kaufhaus
3. Mädler-Passage
4. Alte Börse
5. Kaffeehaus Riquet
6. Specks Hof
7. Steibs Hof
8. MdBK
9. Jägerhof-Passage
10. Barthels Hof
11. Petershof

ESSEN + TRINKEN

Auerbachs Keller, Grimmaische Straße 2–4, 04109 Leipzig,
Tel. (03 41) 21 61 00, auerbachs-keller-leipzig.de
(Teuflisch literarisch und göttlich lecker)

Kaffeehaus Riquet, Schuhmachergäßchen 1, 04109 Leipzig,
Tel. (03 41) 9 61 00 00, riquethaus.de
(Traditionscafé rund um Tee und Elefantenkaffee)

Zahlreiche weitere Cafés, Gaststätten und Restaurants in der Innenstadt

IN DER INNENSTADT

Durch die Passagen flanieren

Das besondere Flair der Leipziger Innenstadt wird durch die Passagen geprägt. Die einen schätzen sie als Flaniermeilen, die anderen geraten bei der Architektur ins Schwärmen. Zwar verfügen viele Städte über Passagen, aber das Leipziger Passagensystem ist aufgrund seiner Größe und Geschlossenheit einzigartig. In den verschiedenen Abzweigungen und Gängen der Passagen und Durchgangshöfe kann man schier endlos schlendern. Auf unserem Weg erkunden wir die prächtigsten und beeindruckendsten Passagen, historische und moderne, aber auch unbekannte. Und ganz nebenbei entdecken wir die schönsten Orte der Innenstadt.

Merkurhaus

Wir starten unseren Rundgang am **Merkurhaus.** Das Büro- und Geschäftshaus wurde 1936/37 im Stil der Neuen Sachlichkeit für die Textilhandelskette C&A Brenninkmeyer errichtet, die es bis 1945 betrieb. Der Name leitet sich vom Vorgängerbau ab, der eine große Merkurstatue auf der Turmspitze hatte. Direkt hinter dem Haus biegen wir links ein und erreichen mit dem **Petersbogen** die erste Passage. Sie zeigt, dass man auch bei Neubauten immer das Passagenthema im Blick hat. Die elegant geschwungene Passage füllt seit 2001 die Baulücke zwischen Schloßgasse und Petersstraße. 2020 konnte dann endlich auch die Seite zum Burgplatz mit dem an die Passage anschließenden Hotelbau vollendet werden. Die fast 20 Jahre bestehende Baugrube hatte von den Leipzigern mittlerweile einen eigenen Namen erhalten – das Burgplatzloch.

Wir verlassen die Passage Richtung Petersstraße und biegen wenige Meter weiter in den **Messehof** ein. Er ist der erste vollständige Messehausneubau, wurde 1950 fertiggestellt und verbindet die Petersstraße mit dem Neumarkt. Zu Messezeiten war er Teil der Konsumgütermesse und bot der

1 IN DER INNENSTADT

Pilzsäule im Messehof

Mädler-Passage

Nahrungs- und Genussmittelindustrie Ausstellungsfläche. 2004–2006 erhielt er sein heutiges Aussehen mit der nur mäßig gelungenen vorgelagerten Glasfassade. Gelungen ist hingegen das Glasdach im hinteren Teil der Passage, durch das nun Tageslicht einströmt. Prägnantes Merkmal des Messehofes ist die ① **Pilzsäule** mit der Darstellung eines Bergmanns, einer Spinnerin, eines Bauern und eines geistig Arbeitenden. Die Säule schuf Fritz Przibilla nach Entwürfen des Bildhauers Alfred Thiele.

Nur wenige Schritte südwärts erreichen wir das ② **Städtische Kaufhaus.** Der neobarocke Bau, in den Jahren 1894–1901 errichtet, mutet wie ein italienischen Stadtpalais an. Dieser Eindruck wird durch den Innenhof noch verstärkt. Auch wenn es den irreführenden Namen Kaufhaus trägt, war es nie als solches konzipiert. Als sich die Leipziger Messe Ende des 19. Jahrhunderts von einer Waren- zu einer Mustermesse wandelte, änderte sich auch der Bedarf an Ausstellungsplätzen. Zu Anfang nutzte man sogenannte Mustermesselokale, dann sollte ein eigenes Mustermessehaus folgen – das Städtische Kaufhaus, das weltweit erste seiner Art. Der Ort ist wie kein Zweiter in Leipzig eng mit der über 500-jährigen Messegeschichte verbunden, denn schon 1477–1498 wurde hier das Gewandhaus errichtet, in dem zu Messezeiten die Tuchhändler ihre Waren anboten.

Wir verlassen das Städtische Kaufhaus über das Gewandgässchen Richtung Neumarkt. Rechter Hand entdecken wir an der Fassade den Schriftzug ③ **Mädler-Passage** und biegen in die wohl bekannteste aller Leipziger Passagen ein. Die Passage mit der repräsentativen Ladenzeile wurde in den Jahren 1912–1914 für den Lederwarenfabrikanten Anton Mädler erbaut. Besonders beeindruckend sind die Glas-Beton-Decke, durch die natürliches Tageslicht einstrahlt, sowie das Glockenspiel aus Meissner Porzellan in der Rotunde. Für den Neubau musste Auerbachs Hof weichen, der sich einst an dieser Stelle befand. Geblieben ist nur die traditionsreiche Gaststätte **Auerbachs Keller** im Untergeschoss, die Goethe als einen der Schauplätze in seinem „Faust" unsterblich machte. Mephisto und Faust stehen überlebensgroß an den Treppen und weisen den Weg hinab in den Keller. Über das Treppenhaus B gelangt man ins Mädler Art Forum in der ersten Etage. Dank der Stadema-Stiftung der Mädler-Enkelin Dr. Claudia Stadelmann werden wechselnde Ausstellung bei freiem Eintritt präsentiert. Und ganz nebenbei kann man

Der Weihnachtsbaum in der Rotunde ist der wohl meistfotografierte Leipzigs und zieht jährlich Tausende Besucher an.

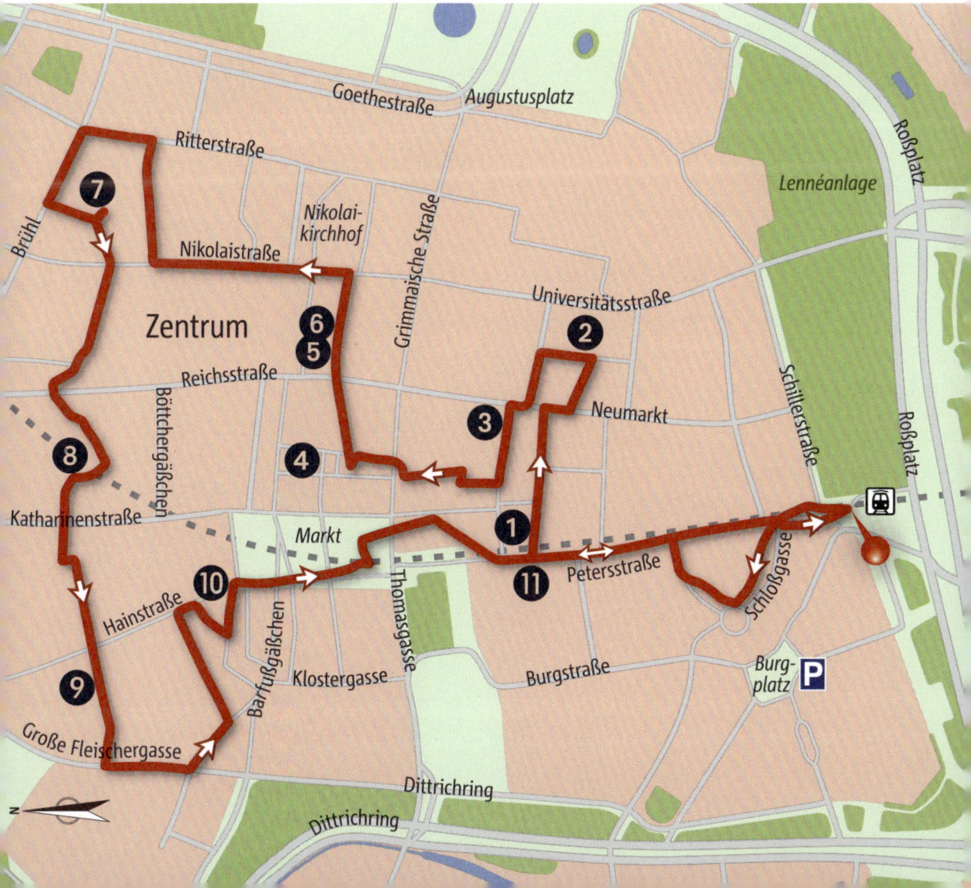

Alte Börse

Kaffeehaus Riquet

von der ersten Etage einen außergewöhnlichen Blick auf die Passage werfen.

Wir verlassen die Passage Richtung Naschmarkt. Schon von Weitem fällt der Blick auf die 4 **Alte Börse.** Sie wurde 1678 von Leipziger Kaufleuten errichtet. Hier wurden Geschäfte abgeschlossen, Auktionen abgehalten und Wechsel gehandelt. Heute ist der älteste Barockbau Leipzigs ein beliebter Veranstaltungsort. Wir biegen vor der Alten Börse in die Passage des Handelshofs ein. Danach stehen wir vor dem nächsten Ziel: Specks Hof. Doch bevor es in die Passage geht, lohnt ein Blick nach links zum 5 **Kaffeehaus Riquet.** Schon mit der Fertigstellung des Hauses 1909 galt es mit seiner Mischung aus Jugendstil und chinesischen Motiven sowie den beiden großen Elefantenköpfen am Eingang als eines der extravagantesten Häuser der Stadt. Erbaut wurde es für die Firma Riquet & Co., die neben Tee, Kaffee und Gewürzen auch Kakao importierte, der zu hochwertigen Pralinen weiterverarbeitet wurde. Hier kann man im denkmalgeschützten Innenraum einen Elefantenkaffee – die Hausmarke des Cafés – genießen.

Aber nun geht es weiter zu 6 **Specks Hof** und dem angeschlossenen **Hansa-Haus.** Die miteinander verbundenen Passagen waren mit einer Ausstellungsfläche von 10.000 Quadratmetern Ende der 1920er-Jahre einst das größte Messehaus der damaligen Zeit. Heute bilden sie die am abwechslungsreichsten gestalteten Passagen der Stadt. Das Hansa-Haus war im Zweiten Weltkrieg vollständig zerstört und nur durch einen einfachen Bau ersetzt worden. In den 1990er-Jahren erfolgte ein kompletter Neubau, bei dem auch der eindrucksvolle Innenhof mit den Jugendstilelementen und der Glasdecke wiederhergestellt wurde. Im Specks Hof fügt sich moderne Kunst in die alten Mauern ein. Die drei Lichthöfe wurden von zeitgenössischen Künst-

Specks Hof

lern gestaltet: Den ersten ziert der Freskenfries zum Thema „Werden und Vergehen" des Malers Bruno Griesel, eines Vertreters der Neuen Leipziger Schule, im zweiten Innenhof widmet sich der Hallenser Künstler Moritz Götze der Geschichte der Leipziger Messe, und im dritten thematisiert der Berliner Künstler Johannes Grützke die Themen Konsum und Wegwerfgesellschaft. Dem Namensgeber der Passage und vormaligen Besitzer des Eckhauses, Maximilian Speck von Sternburg, hätte dies sicherlich gefallen, denn er war nicht nur Großkaufmann, sondern auch Kunstliebhaber und Mäzen.

Oelßners Hof

Wir verlassen die Passage gegenüber der **Nikolaikirche** und wenden uns linker Hand Richtung Nikolaistraße. Der Weg führt vorbei an der Strohsack-Passage, einem Neubau, der 1997 eröffnet wurde. Nur wenige Meter weiter biegen wir in **Oelßners Hof** ein. Der Durchgangshof in seiner heutigen Form entstand 1907/08. Lange wurden hier, wie auch in zahlreichen anderen Gebäuden in der Nikolaistraße und am Brühl, Pelze gehandelt. Wir laufen durch den offen gestalteten Oelßners Hof und biegen links in die Ritterstraße ein. Auf dem Brühl angekommen, biegen wir wieder links ab und gehen durch den unscheinbaren Eingang der Dussmannpassage. Die mit der Sanierung in den 1990er-Jahren geschaffene Verbindung führt direkt zu 7 **Steibs Hof,** der mit hellen, weiß und blau gefliesten Innenhöfen begeistert. 1907 ließ der Baumeister Felix Steib das Haus als Messepalast errichten. Schon die reich verzierte Fassade, die Elemente des Jugendstils und des historistischen Neobarock enthält, deutet auf die Nutzung als Handelshaus hin. Neben kleinen Putti zieren unter anderem ein Handelsschiff und eine große Weltkugel die Fassade. Beeindruckend ist zudem das opulente Sandsteinportal. Wo früher Pelze gehandelt wurden, befindet sich jetzt das **N'Ostalgie Museum.** Auf 300 Quadratmetern kann man

Steibs Hof

mithilfe von über 30.000 Exponaten in die Alltagskultur der DDR eintauchen.

Leipzig galt bis zum Zweiten Weltkrieg als Weltstadt der Pelze. Ein besonders schönes Haus, das für einen Rauchwarenhändler erbaut wurde, ist das **Selters Haus** in der Nikolaistraße 47–51 mit seinen auffälligen türkisgrünen Fliesen. Direkt über der Tür befindet sich ein Majolikafries mit fünf Putti, die Kleinpelzwaren zeigen. Kurz vor dem Selters Haus in der Nikolaistraße 39–45 befindet sich der **Blaue Hecht.** Das markante Hauszeichen weist uns den Weg. Das ehemalige Pelzgewerbehaus wurde 1911/12 erbaut und erhielt seinen tierischen Namen vom Gasthof „Zum blauen Hecht“, der sich einst hier befand. Im Haus verbirgt sich eine eher unbekannte Passage. Vielleicht liegt es daran, dass zu beiden Seiten eine Tür den Abschluss bildet. Wir gehen durch die Passage, die die Nikolai- mit der Reichsstraße verbindet.

Selters Haus

Wie in allen städtischen Museen kann die Dauerausstellung des MdBK kostenfrei besichtigt werden.

Von hier aus erblicken wir schon die Glasfassade des Museums der Bildenden Künste, kurz **8 MdBK.** Es geht auf eine Bürgerstiftung und den Museumsbau 1858 zurück. Die Schenkungen Leipziger Geschäftsleute, Verleger und Bankiers bilden den Grundstock des Museums. Zahlreichte Stifter setzten die Tradition fort und bedenken bis heute das Museum mit ihren Sammlungen. Ihnen wurde im Eingangsbereich eine Art Familienbild als Stiftermosaik gewidmet. Im Laufe der Jahre ist eine umfangreiche Sammlung deutscher und niederländischer Meister wie Cranach oder Rubens, Romantiker wie Caspar David Friedrich, französischer Künstler wie Delacroix, aber auch Leipziger Künstler wie Max Liebermann oder Max Klinger und natürlich auch Künstler der Gegen-

BILDERKOSMOS
LEIPZIG
1905–
2022
LEIPZIG: A UNIVERSE
OF IMAGES
10.02.–
06.06.2022
MdbK

MdBK

wart wie Neo Rauch oder Bernhard Heisig entstanden. Aber das MdBK begeistert seine Besucher nicht nur durch die ausgestellten Werke, denn hier wird der Bau selbst zur Kunst. Ein Beton-Kubus mit einer Glasfassade ragt 36 Meter in die Höhe. Nie sieht man ihn ganz. Die Eckbebauungen, die Teil des Architekturkonzepts sind, geben immer nur einzelne Sichtachsen frei. Einmalig ist der Bau auch im Inneren. Riesige Treppenhäuser, überlebensgroße Türen und weite Gänge vermitteln Großzügigkeit und geben der Kunst einen angemessenen Raum. Das Besondere des Baus ist, dass der Leipzig prägende Passagengedanke Teil der Ausschreibung war. Man kann das Haus kreuzförmig wie eine Passage durchqueren.

Kretschmanns Hof

Wir durchqueren das Museum, alternativ kann auch der Weg außen herum gewählt werden, und stehen in der Katharinenstraße vor **Kretschmanns Hof,** einem Geschäftshaus aus dem Jahr 1912 mit integrierter Passage, die die Verbindung zur Hainstraße darstellt. Im weiß gefliesten Innenhof kann man unter der „Klangdusche“ Musik und Stadtklängen aus drei Jahrhunderten lauschen.

In der Hainstraße angekommen, geht es direkt weiter in die nächste Passage – die 9 **Jägerhof-Passage.** Sie besteht aus drei großen Lichthöfen und beherbergt das Passage-Kino. Es wurde 1915 eröffnet und ist ein beliebter Anlaufpunkt für Fans von Arthouse-Filmen. Die Passage bildet die Verbindung zur Großen Fleischergasse, in die wir links und dann gleich noch einmal links in die Kleine Fleischergasse einbiegen. Wir betreten im Haus Nummer 8 die Passage mit dem großen Schmuckportal aus Rochlitzer Prophyr. Der Schriftzug verrät, dass wir nun durch das Kleine Joachimsthal laufen. Es stellt die Verbindung zur Hainstraße dar. Dieser Teil trägt den Namen Vetters Hof, nach seinem ehemaligen Besitzer. Das Haus in der Hainstraße wurde

Jägerhof-Passage

1996/97 rekonstruiert, aber es wurde kein Durchgang eingerichtet. Als jedoch der Bereich zur Kleinen Fleischergasse saniert und ein Hostel eröffnet wurde, benötigte man einen zweiten Fluchtweg. Der Durchgang wurde wieder geschaffen und ist durch eine Tür begehbar.

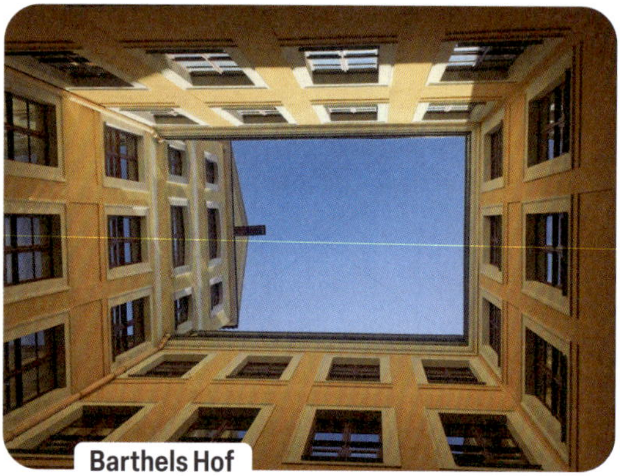
Barthels Hof

Wir folgen der Hainstraße südwärts und biegen in **Webers Hof** ein. Den Namen trägt er seit 1875 nach seinem damaligen Besitzer, dem Kaufmann Karl-Friedrich Weber. Ursprünglich wurde das Haus 1662 erbaut, es markierte den Übergang zwischen Renaissance und Barock. Im Verlauf der Jahrhunderte wurde die Bausubstanz allerdings immer wieder verändert. Erst mit der Sanierung 1995–1997 konnte die Außenfassade mit dem beeindruckenden Erker wieder im Originalzustand hergestellt werden. Möglich machte dies der Fund eines Skizzenbuches des ersten Besitzers Christian Richter im Stadtarchiv.

Webers Hof mündet direkt in ⑩ **Barthels Hof.** Im Zuge der Erweiterungen der Messe- und Warenhäuser um 1900 wurden viele Gebäude der Stadt abgerissen und immer wieder neuer und größer gebaut. Einzig **Barthels Hof** entging diesem Schicksal. So ist der zwischen 1747 und 1750 für den Kaufmann Gottlieb Barthel erbaute Handelshof der einzige Zeuge der Warenmesse aus dem 18. Jahrhundert. 1870/71 wurde der Hof lediglich umgebaut. Er erhielt eine neobarocke Straßenfassade, die zum Marktplatz zeigt, und eine breitere Hofdurchfahrt. Der noch erhaltene Renaissance-Erker des Hauses „Zur goldenen Schlange", das vor Barthels Hof an dieser Stelle stand, musste nun dem Blick zum Markt weichen und zog in den Innenhof. Heute gilt es als ältestes Fragment eines Bürgerhauses aus dieser Zeit in Leipzig. Im Innenhof kann man die Luft der alten Messetätigkeit atmen. An das rege Treiben erinnern die massiven

Kranbalken, an denen die Waren in die oberen Geschosse gezogen wurden. Aber hier wird auch die Funktion der Höfe deutlich. Mit den Pferdegespannen konnte man zu einer Seite hineinfahren, die Waren abladen und zur anderen Seite wieder hinausfahren, ohne umständlich wenden zu müssen. Im Barthels Hof befindet sich ein gleichnamiges Restaurant. Bei traditionell sächsischen Speisen und Getränken kann man sich unter den historischen Deckengewölben oder auf dem Freisitz im schönen Innenhof für den Gang durch die nächste Passage stärken.

Königshaus

Wieder in der Hainstraße angekommen, queren wir den Marktplatz. An dessen Südseite befindet sich das **Königshaus** mit einer auffälligen barocken Fassade, die es den Umbauten von 1706/07 verdankt. Im Inneren erinnert ein steinerner Wendelstein an den Renaissanceursprung des Hauses. Ihn kann man durch ein kleines Fenster in der Tür links hinter „Tchibo“ sehen. Ursprünglich hieß das Haus nach seinem Besitzer, dem Quedlinburger Kaufmann Andreas Dietrich Apel. Da über Jahrhunderte hinweg hier gern Könige bei ihren Besuchen in Leipzig weilten, erhielt das Haus den Namen Königshaus. Unter anderem übernachteten hier 1698 Zar Peter I., 1706 Karl XII. von Schweden, mehrfach August der Starke und Friedrich II. sowie 1813 Napoleon. Noch während des Ersten Weltkriegs wurde das Bürgerhaus zu einem Messehaus umgebaut. 1932 erhielt es durch einen Umbau eine elegante Passage mit Caféempore. Leider wurde diese mit dem Bau des benachbarten Messehauses in den 1960er-Jahren zurückgebaut.

Im hinteren Bereich der Passage befindet sich der Schriftzug „Messehaus am Markt“, einer der schönsten der Stadt.

Petershof

Die **Königshauspassage** hat eine direkte Verbindung zur Mädler-, Messehaus- und Messehofpassage. Gemeinsam bilden sie den größten Passagenkomplex Leipzigs. Wir biegen an der ersten Möglichkeit nach rechts in die Messehauspassage und erreichen wieder die Petersstraße. Nur wenige Schritte südwärts stehen wir vor dem 11 **Petershof.** Er wurde 1927–1929 nach Plänen des Leipziger Architekten Alfred Liebig als Messehaus erbaut. Bis 2003 befand sich hier das Kino Capitol. Heute ist eine Bekleidungskette im Haus ansässig. Trotz Umbau konnte die imponierende Innengestaltung erhalten werden. Der überglaste Lichthof ist mit braunen und hellgrünen Keramikfliesen verziert. Auch das einstige Kassenhäuschen des Kinos beeindruckt immer noch. Die Außenfassade ist geprägt durch sieben überlebensgroße Figuren des Leipziger Bildhauers Konstantin Göldel. Alle stellen Personen dar, die sich um den Bau des Hauses verdient gemacht haben, sowie verschiedene Berufsfelder (v. l.): Baudirektor Ludwig Fraustadt – Musik, Kommerzienrat Felix Geissler – Kunstgewerbe, Bankier (und Mitfinanzier des Petershofs) Hans Kroch – Handel, Oberbürgermeister Karl Rothe – Staat und Recht, Messedirektor Raimund Köhler – Messe, Alfred Liebig – Architektur und Messevorstand Edgar Hoffmann – Industrie. Zur Pogromnacht entfernten die Nazis alle Figuren, da Hans Kroch Jude war. Alfred Liebig, der in der Leutzscher Philipp-Reis-Straße wohnte, sicherte „seine" Statue und stellte sie vor seinem Haus auf. Dort steht sie heute noch. Auf dem Spaziergang 7 zu den Leutzscher Villen bietet sich ein Abstecher an. Die Figur Liebigs sowie Fotos konnten als Vorlage herangezogen werden, als der Leipziger Bildhauer Markus Gläser 1994 die steinernen Männer erneuert hat.

Nun sind es nur noch wenige Schritte südwärts zurück zum Merkurhaus. Auch wenn wir nicht alle Leipziger Passagen und Durchgangshöfe auf unserem Rundgang erkunden konnten, ergibt sich doch ein beeindruckendes Bild des einmaligen **Leipziger Passagensystems** mit seinen verwinkelten Wegen.

2

Start: Deutsche Nationalbibliothek, Deutscher Platz 1, 04103 Leipzig
Ziel: Hochschule für Grafik und Buchkunst, Wächterstraße 11, 04107 Leipzig
Länge: ca. 6 Kilometer
Dauer: ca. 2 Stunden
ÖPNV: Start: Tram- und Bushaltestelle Deutsche Nationalbibliothek;
Ziel: Tram- und Bushaltestelle Neues Rathaus
Parken: Parkplätze rund um den Deutschen Platz, 04103 Leipzig

UNTERWEGS ENTDECKT

1. Deutsche Nationalbibliothek
2. Deutsche Buchgewerbehaus
3. Haus des Handwerks
4. Reclam-Carrée
5. Alter Johannisfriedhof
6. LKG-Carrée
7. Ringbebauung
8. Stadtbibliothek
9. Bibliotheca Albertina
10. HGB

ESSEN + TRINKEN

Restaurant Zunftkeller, Dresdner Straße 11–13, 04103 Leipzig,
Tel. (03 41) 2 18 83 19, zunftkeller.de
(Meisterlich arbeiten – zünftig speisen)

Franz Morish Kaffeerösterei, im LKG-Carrée, Goldschmidtstraße 39,
04103 Leipzig, Tel. (03 41) 97 46 38 92, franzmorish.de
(Kaffee trifft auf Industrialstyle)

Backstein – Bäckerei für zeitgenössisches Brot, Grassistraße 4,
04107 Leipzig, Tel. (01 60) 94 67 38 58, backstein.pm
(Hauseigene Sauerteige für puren Genuss)

VON DER DNB ZUR HGB

Leipzigs große Buchtradition

Leipzig, Stadt der Verleger, Drucker, Literaten und der Bücher: Das gedruckte Wort begegnet dem geneigten Besucher auf Schritt und Tritt, denn der Ruf als Buchstadt reicht bis ins Mittelalter zurück. 1475 schlossen zwei Buchhändler aus Ulm und Basel zur Herbstmesse ein Buchgeschäft ab, das als Beginn des Buchhandels in Leipzig gilt. Zwischen dem 19. und dem 20. Jahrhundert erlebte die Stadt eine wahre Hochzeit als Eldorado des Buches. Auch wenn der Zweite Weltkrieg und die Zeit danach der Buchbranche einen starken Einbruch brachten – Leipzig war und ist eine Buchstadt, in der es viel zu entdecken gibt.

Wir beginnen unseren Spaziergang an der Schatzkammer für Bücher – der 1 **Deutschen Nationalbibliothek (DNB).** Gegründet wurde sie 1912, damals noch unter dem Namen Deutsche Bücherei. Unter der Trägerschaft des Börsenvereins Deutscher Buchhändler zu Leipzig, der Stadt Leipzig und des Königreichs Sachsen hatte man es sich zur Aufgabe gemacht, ab 1.1.1913 alle Inlandspublikationen sowie weltweit alle deutschsprachigen Veröffentlichungen und solche mit Bezug zu Deutschland zu sammeln und zu archivieren. Anfangs war die Bibliothek im Deutschen Buchhändlerhaus untergebracht, aber aufgrund der stark wachsenden Bestände war ein Neubau nach Entwürfen von Otto Pusch schon in Planung. Er konnte 1916 eingeweiht werden. Schon damals machte man sich Gedanken über **Erweiterungsbauten,** denn man war sich bewusst, dass die Auslastung von 1,5 Millionen Bänden schon in den 1930er-Jahren erreicht sein würde. Ein erster Erweiterungsbau wurde 1934–1936 errichtet, ihm folgten noch drei weitere, und ein nächster ist bereits in Planung. Mittlerweile ist der Sammlungsbestand auf über 41 Millionen Medi-

Deutsche Nationalbibliothek

Friedenspark

en angewachsen. Damit ist die DNB eine der größten Bibliotheken weltweit und teilt sich die Aufgaben mit der Schwestereinrichtung in Frankfurt am Main, die nach der Wiedervereinigung zusammengeführt wurden. Jedes Jahr werden rund 4 Kilometer zusätzliche Regalfläche benötigt. Und auch ein Exemplar des Buches, in dem Sie gerade lesen, nimmt ein wenig der Fläche ein.

Ein Blick in das Programm der DNB lohnt: An verschiedenen Tagen werden Rundgänge zu Hidden Places der Bibliothek angeboten.

Auch architektonisch hat jede Zeit ihre Spuren hinterlassen, was das Gebäude äußerlich zu einem Hingucker und einem beliebten Fotospot macht: die geschwungene historische Fassade mit den markanten Ecktürmen aus der Gründungszeit, die hohen, weiß verkleideten **Magazintürme** aus den 1970ern, im Volksmund auch Büchertürme ge-

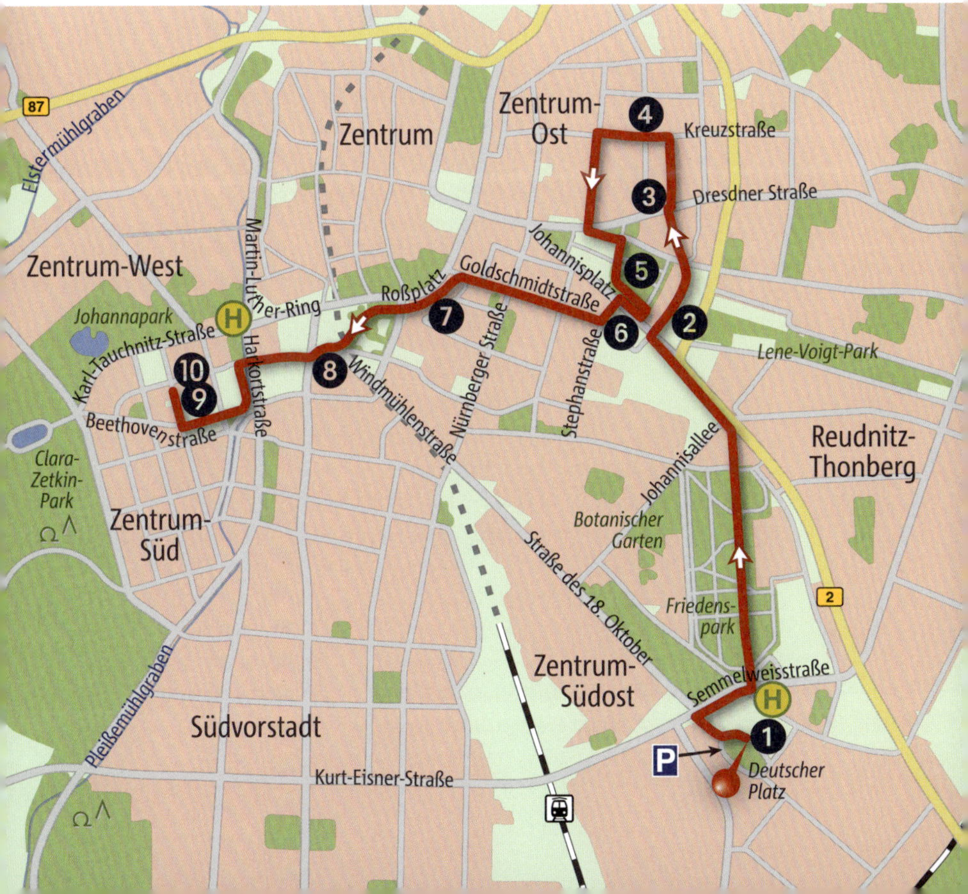

nannt, oder die vierte Erweiterung der Architektin Gabriele Glöckler, die 2011 eingeweiht wurde. Ihr Konzept „Umschlag – Hülle – Inhalt“, das der Gestaltung zugrunde liegt, macht schon von außen auf die Funktion als Bibliothek aufmerksam. In diesem Gebäudetrakt befinden sich das 1884 gegründete **Deutsche Buch- und Schriftmuseum,** in dessen Dauerausstellung „Zeichen – Bücher – Netze. Von der Keilschrift zum Binärcode“ man alles über die Entwicklung des geschriebenen und gedruckten Wortes lernen kann, sowie das Deutsche Musikarchiv.

Kurz bevor man das ehemalige Friedhofstor am Ausgang durchschreitet, befinden sich in abgetrennten Bereichen der Duft- und Tastgarten sowie der Apothekergarten.

Wir wenden unseren Blick Richtung **Russische Gedächtniskirche.** Kurz vor der Kirche führt der Weg durch den **Friedenspark.** Die lang gezogene Fläche war einst der Neue Johannisfriedhof. Große Kriegsschäden führten dazu, dass er seit 1950 nicht mehr in Benutzung war. Später wurde er säkularisiert, einige wenige Grabplatten wurden in den Alten Johannisfriedhof umgesetzt. 1983 wurde die grüne Lunge des Stadtteils als Park eröffnet, der eine Vielzahl an Sport- und Freizeitmöglichkeiten bietet.

DAS GRAFISCHE VIERTEL

Da es in der Innenstadt verboten war, Dampfmaschinen zu betreiben, suchten ab dem 19. Jahrhundert alteingesessene Verlage neue Orte für Expansionen. Die östliche Vorstadt bot mit der Nähe zum Hauptpostamt und zu den Eisenbahnstrecken ideale Voraussetzungen. Mehr und mehr Verlage errichteten hier ihre beeindruckenden Industriepaläste. In alten Adressbüchern findet sich in nahezu jedem Haus ein Gewerk, das mit Büchern verbunden ist. Allein im Jahr 1913 verzeichnete man über 2000 Firmen des Buchgewerbes, darunter 848 Verlage und Buchhandlungen, 201 Buchbindereien und 189 Druckereien. Auch die rasch anwachsenden Kommissionsbuchhandlungen zogen ins Grafische Viertel. Beinahe alle deutschsprachigen Bücher wurden über Leipzig gehandelt. Diese Konzentration war weltweit einzigartig. Ein jähes Ende brachte der Zweite Weltkrieg. In der Bombennacht auf den 4.12.1943 wurden schätzungsweise 50 Millionen Bücher vernichtet, 80 Prozent der Bausubstanz sowie 1000 Firmen zerstört.

Die Verlängerung des Hauptweges führt auf den **Ostplatz.** Er markiert das Ende des Grafischen Viertels, das bis zur Innenstadt reicht. Das Viertel, in dem die wichtigsten Verlage und Großbuchhandlungen ansässig waren, begründete Leipzigs Status als Buchstadt.

Noch heute zeugen zahlreiche repräsentative Gebäude von der einstigen Glanzzeit. So auch das aus gelben Klinkern erbaute Druckerei- und Verlagsgebäude Velhagen & Klasing am Ostplatz. Wir folgen der **Prager Straße** Richtung Innenstadt. Schon nach wenigen Metern erreichen wir rechter Hand das Seemann-Haus. Der fünfgeschossige Bau wurde 1912 errichtet. Hier hatten der Kunstverlag E. A. Seemann sowie die Druckerei Ramm & Seemann ihren Sitz. Die Klinkerfassade ist im Erdgeschoss mit Variationen des Verlagssignets rund ums Buch geschmückt. Die „Seemännchen" schreiben, drucken, binden, verpacken und lesen.

Lesemännchen

Wenn wir hier den Gerichtsweg überqueren, stehen wir vor dem **Haus des Buches.** Der Neubau entstand 1995/96. Neben verschiedenen Verlagen hat hier unter anderem auch die Leipziger Zweigstelle des Börsenvereins des Deutschen Buchhandels ihren Sitz. Im Erdgeschoss befinden sich das Literaturcafé, ein Ausstellungsfoyer und verschiedene Veranstaltungsräume, die das Haus zu einer lebendigen Buchbegegnungsstätte machen. Direkt vor dem Haus kündet eine Metallsäule von den großen Namen der einstigen Leipziger Verleger. In das Haus einbezogen wurde der einzig erhaltene Flügel des ehemaligen Buchhändlerhauses. Es stammt aus den Jahren 1886/88 und war einer der prachtvollsten Bauten des Viertels. Im riesigen Festsaal fanden die alljährlichen Kantatefeiern und Verlegerkongresse statt.

Wir biegen hinter dem Haus des Buches in den Gutenbergplatz ein, nicht ohne einen Blick auf das **Lesemännchen** zu werfen. Die beliebte Leuchtreklame ist das Fir-

Buchgewerbehaus

menlogo des LKG – des Leipziger Kommissions- und Großbuchhandels, der von 1948–1995 im ehemaligen Firmengelände der Kommissionäre Koehler & Volckmar ihren Sitz hatte. Nach der Sanierung erstrahlt sie allabendlich und holt die Vergangenheit des ehemaligen Buchumschlagplatzes in die Jetztzeit zurück.

Am **Gutenbergplatz** fällt der Blick zuerst auf die Gutenbergschule, die 1928/29 im Stil der Neuen Sachlichkeit erbaut wurde. Die einstige Buchdrucker-Lehranstalt ist heute Ausbildungsstätte für grafische, künstlerische und Medienberufe. Direkt gegenüber beeindruckt das ❷ **Deutsche Buchgewerbehaus** (später Bugra-Messehaus). Es wurde 1898–1901 vom schwedischen Architekten Emil Hagberg im malerischen Neorenaissancestil für den Deutschen Buchgewerbeverein, den Dachverband aller Verbände der grafischen Industrie, errichtet. Da der Buchgewerbeverband noch kein eigenes Gebäude besaß, ließ er es als Pendant zum Buchhändlerhaus in direkter Nachbarschaft errichten. Später wurde es als Bugra-Messehaus genutzt. Bugra ist die Abkürzung für die von 1914 bis 1993 veranstaltete internationale Ausstellung für Buchgewerbe und Grafik. Mit den Ausstellungen grafischer Maschinen im Haus bürgerte sich der Name Bugra-Messehaus ein.

Haus des Handwerks

Wo früher die schwarze Zunft zu Hause war, kann man heute gediegen wohnen. Nach einer umfangreichen Sanierung von 2016 bis 2018 hat Leipzig eines seiner schönsten Buchgebäude wieder. Der Klinkerbau besticht durch seinen überaus reichen Fassadenschmuck. Über 1000 laufende Meter Sandstein-Verzierung erstrahlen an der roten Wand, und circa 150 Reliefs und Ornamente zeigen zahlreiche Allegorien zur Buchkunst.

Reclam-Carrée

Wir folgen dem Gutenbergplatz und in dessen Verlängerung der Spohrstraße. Noch bevor wir die Dresdner Straße überqueren, fällt der Blick auf das große, markante Gebäude des 3 **Hauses des Handwerks.** Ursprünglich wurde es 1906/07 vom Architekten Curt Nebel als Verlags- und Druckereigebäude Oscar Brandstetter errichtet. Der fünfgeschossige Stahlbetonbau ist reich dekoriert mit Darstellungen zum Buchgewerbe und zur grafischen Industrie und macht es zu einer Art steinernem Bilderbuch der Polygraphiegeschichte Leipzigs. Im Haus des Handwerks befindet sich auch das empfehlenswerte **Restaurant Zunftkeller.**

Am Zunftkeller biegen wir in die Scherlstraße ein. An deren Ende erblicken wir schon Teile des 4 **Reclam-Carrées.** 1828 gründete Anton Philipp Reclam einen Verlag, der später unter dem Namen Philipp Reclam jun. bekannt werden sollte. 1867, nur wenige Tage nach dem Ablauf der Gesetze zum Schutz der Klassikerrechte, setzte er die Idee einer Universalbibliothek für jedermann um, die ihm zu Weltruhm verhalf. Mithilfe knapp kalkulierter Bände sollten sich auch ärmere Schichten Bildung und Wissen leisten können. Seine Bücherautomaten für die schmalen Heftchen, die besonders oft an Bahnhöfen aufgestellt wurden, waren eine Weltneuheit. Mit wachsendem Erfolg baute man 1887–1905 das prächtige Verlags- und Druckereigebäude, vor dem wir jetzt stehen. Seit der Reclam Verlag seit 2006 seinen Sitz nur noch in Ditzingen bei Stuttgart hat, wird der gelbe Klinkerbau mit den zahlreichen Verzierungen heute unter anderem vom Max-Planck-Institut und vom Drehteam von SOKO Leipzig genutzt. Ein kleines **Museum** über die Geschichte des Reclam-Verlages befindet sich gegenüber vom Reclam-Carrée in der Kreuzstraße 12.

Auf der anderen Seite des Reclam-Carrées war der **Kurt Wolff Verlag** beheimatet. Kurt Wolff war Hauptverleger des literarischen Expressionismus in Deutschland. Er förderte unter anderem den Dichterkreis um Franz Kafka und Franz Werfel. 1913 zog er in das repräsentative Jugendstilhaus in der Kreuzstraße 3b, wo heute noch eine Plakette an ihn erinnert.

Ehemaliger Kurt Wolff Verlag

Am Ende der Kreuzstraße biegen wir links in die Salomonstraße ein, die auch durch grafische Betriebe geprägt war. Wo jetzt ein moderner Bau steht, der die Klinkerfassade der früheren Gebäude aufgreift, war einst das Firmengelände von **F. A. Brockhaus.** Die Firma bestand aus acht Gebäuden und umfasste einen ganzen Straßenzug. Damit war Brockhaus eine der größten Firmen im Grafischen Viertel. Auch sie fiel den Bombenangriffen von 1943 zum Opfer. Von der Salomonstraße zweigt rechter Hand die Straße **Großer Brockhaus** ab. Sie wurde nach dem bekanntesten Lexikon des Verlages benannt. Wer einen kurzen Abstecher in den Großen Brockhaus macht, erreicht einen Innenhof im Neubau, in dem ein Denkmal an der Verlagsgründer Friedrich Arnold Brockhaus erinnert.

2 VON DER DNB ZUR HGB

Alter Johannisfriedhof

LKG-Carrée

Das Haus in der Salomonstraße 11 wurde für die Großbuchbinderei E. A. Enders erbaut und später von der Staatsdruckerei der DDR genutzt. Das Eckhaus zur Dresdner Straße beheimatete Verlag und Druckerei Bernhard Meyer, später war es Hauptsitz des grafischen Großbetriebes Interdruck, wovon sich auch sein heutiger Name **Interdruck-Palais** ableitet. Palaisartig wirkt der siebengeschossige Stahlbetonbau mit Muschelkalkverkleidung tatsächlich. Man mag kaum glauben, dass einst hinter der Fassade schwere Maschinen ratterten.

Wir queren die Dresdner Straße Richtung Grassimuseum. Nach dem Durchschreiten der Innenhöfe erreicht man den 5 **Alten Johannisfriedhof,** die älteste Begräbnisstätte Leipzigs. Er wurde bis ins Jahr 1883 genutzt. Schon im selben Jahr fanden Planierungsarbeiten statt, und die ersten Abteilungen wurden zu Grünflächen umgestaltet. Seit dieser Zeit ist der Alte Johannisfriedhof eine museale Parkanlage mit efeubewachsenen Resten alter Grabmäler, Stelen und Epitaphen. Zahlreiche Größen Leipzigs fanden hier ihre letzte Ruhe. Bei einem Rundgang entdeckt man unter anderem auch die Grabstätte der Verlegerfamilie Brockhaus und das Grabdenkmal von Anton Philipp Reclam.

Wir verlassen den Friedhof Richtung Prager Straße. An der Ecke zur Stephanstraße stehen wir vor dem Neubau des 6 **LKG-Carrées,** an dessen altem Gebäudeteil wir schon das Lesemännchen bewundert haben. Der gelungene Neubau wurde nach Plänen von Homuth + Partner realisiert und trägt als Reminiszenz an das Viertel die Inschrift: „Wer liest, begreift die Welt und denkt selbst“. Wer Appetit auf einen Kaffee hat und sich für die letzte Etappe stärken möchte, dem sei die **Kaffeerösterei Franz Morish** empfohlen. Umrahmt vom hippen Industrialstil, gibt es Kaffee aus eigener Röstung sowie Süßes und Herzhaftes.

Wir folgen der Stephan- und an der ersten Kreuzung nach rechts der **Goldschmidtstraße** stadteinwärts. Auch hier prägen unterschiedliche grafische Gewerke die Gegend. Haus Nummer 28 an der Ecke zur Talstraße war ab 1946 Verlagssitz von B. G. Teubner. Heute beherbergt es das Simon-Dubnow-Institut für jüdische Geschichte und Kultur.

Alle Ausgaben des „Kapitals", die zu Lebzeiten von Marx und Engels in deutscher Sprache erschienen sind, wurden an unterschiedlichen Orten in Leipzig gedruckt.

Am Innenstadtring angekommen, laufen wir entlang der 7 **Ringbebauung,** die als Ersatz für die kriegszerstörten Gebäude in den 1950er-Jahren im Stil des Sozialistischen Klassizismus errichtet wurde. Eine Gedenktafel an Haus Nummer 13 erinnert daran, dass sich hier einst die Buchdruckerei Otto Wigand befand, in der 1867 die Erstausgabe des Hauptwerkes von Karl Marx' „Das Kapital Band 1" gedruckt wurde.

Ringbebauung

2 VON DER DNB ZUR HGB

Stadtbibliothek

Wir sollten nicht einen Blick ins Innere der Albertina verpassen: Hier beeindruckt vor allem die monumentale Treppenhalle.

Bibliotheca Albertina

Wir folgen dem Roßplatz Richtung Wilhelm-Leuschner-Platz. In dem großen palastartigen Gebäude, das einst als Grassimuseum errichtet wurde, befindet sich die 8 **Stadtbibliothek.** Neben Büchern bietet sie wechselnde Ausstellungen und zahlreiche Veranstaltungen.

Wir verlassen den Leuschner-Platz Richtung Dimitroffstraße und erreichen den Simsonplatz. Er wird von dem beeindruckenden Gebäude des **Bundesverwaltungsgerichts** dominiert. Wir gehen links am Gericht vorbei in die Beethovenstraße und erreichen nach wenigen Metern die nicht weniger imposante 9 **Bibliotheca Albertina,** die 1887–1891 nach einem Entwurf von Arwed Roßbach im Neorenaissancestil erbaut wurde. An der bildkünstlerischen Gestaltung der Sandsteinfassade des Gebäudes waren namenhafte Bildhauer wie Josef Kaffsack oder Adolf Lehnert beteiligt. Benannt wurde das Gebäude nach dem einstigen sächsischen König Albert. Die Universitätsbibliothek Leipzig ist eine der ältesten deutschen Bibliotheken, ihr Bestand umfasst mehr als 5,5 Millionen Bücher, außerdem 173.000 Autographen, 80.000 Münzen und Medaillen sowie eine Papyrus- und Ostrakasammlung – darunter auch eine der ältesten medizinischen Schriften weltweit, der Papyrus Ebers.

Wir umrunden die Bibliothek und erreichen durch die Grassi- die Wächterstraße. Mit der 10 **HGB** (Hochschule für Grafik und Buchkunst) und dem DLL (Deutsches Literaturinstitut) befinden sich zwei namhafte Ausbildungsstätten in direkter Nachbarschaft. Das DLL wurde 1955 als Johannes R.

Becher-Institut gegründet und bietet eine universitäre Schriftstellerausbildung. Seit der Gründung bildete man bislang 1000 Autoren aus, darunter so bekannte Namen wie Sarah und Rainer Kirsch, Kerstin Hensel, Juli Zeh oder Kristof Magnusson. Die HGB ist eine der ältesten staatlichen Kunsthochschulen Deutschlands und geht auf das Jahr 1764 zurück. Zweimal im Jahr öffnen sich ihre Türen für die breite Öffentlichkeit, und die Studenten zeigen ihr Können: einmal Anfang Februar und noch einmal nach den Prüfungen im Juli, wenn die Diplome präsentiert werden. Während der Rundgangtage erhalten die Besucher einen umfassenden Einblick in die Arbeit in den Bereichen Malerei, Grafik, Fotografie, Medienkunst, Buchkunst und Grafikdesign. Das Gebäude, das selbst mit seinem großen Lichthof schon ein Kunstwerk ist, wird mit den Werken vom Grundkurs bis zu den Meisterschülern bespielt.

HGB

Die hauseigene Galerie im Gebäude der Hochschule für Grafik und Buchkunst zeigt zusätzlich fünf bis sechs Ausstellungen pro Jahr.

Wir sind am Endpunkt unseres Spaziergangs angekommen. Auch wenn er nur einen kleinen Eindruck von der Buchstadt Leipzig vermitteln kann, zeigt er doch, wie eng verbunden das gedruckte Wort und Leipzig sind. Wer sich zum Ende noch stärken möchte, kann eine Pause im Garten der Galerie für Zeitgenössische Kunst einlegen. Mit dem **Backstein** befindet sich hier eine der besten Bäckereien Leipzigs. Mit Liebe zum Handwerk werden nicht nur Brote, sondern auch leckere Focaccia gebacken.

3

Start: Haltestelle Hafentor am Lindenauer Hafen, Hafentor, 04179 Leipzig
Ziel: Haltestelle Holbeinstraße in der Könneritzstraße, 04229 Leipzig
Länge: ca. 4,7 Kilometer
Dauer: ca. 1,5 Stunden
ÖPNV: Start: Bushaltestelle Hafentor; Ziel: Tramhaltestelle Holbeinstraße
Parken: Rund um die Haltestelle Hafentor oder Hafenstraße

UNTERWEGS ENTDECKT

1. Lindenauer Hafen
2. Mörtelwerk
3. Kunstkraftwerk
4. Steintreppe in der Nähe der Philippuskirche
5. Stelzenhaus
6. Riverboat
7. Ehemalige Buntgarnwerke
8. Museum für Druckkunst
9. Könneritzbrücke
10. Ehemalige Firma Mey & Edlich

ESSEN + TRINKEN

Kaiserbad, Karl-Heine-Straße 93, 04229 Leipzig,
Tel. (03 41) 39 28 08 94, kaiserbad-leipzig.de
(Genuss mit Ambiente)

Café alma, Zugang über Fußweg am Karl-Heine-Kanal,
Lauchstädter Straße 15 HH, 04229 Leipzig, cafe-alma-leipzig.de
(Auszeit im Grünen)

AM KARL-HEINE-KANAL

Immer am Wasser entlang

Eine der kühnsten Ideen des Leipziger Industriepioniers Karl Heine war der Bau eines Kanals von Plagwitz nach Lindenau. Der 3,3 Kilometer lange Kanal wurde 1898 fertiggestellt. Auch wenn Heines Traum, ihn bis zur Saale auszubauen, bis heute nicht verwirklicht wurde, war und ist der Kanal eine der Lebensadern der Stadt. Schnell wurde er für die Freizeitgestaltung entdeckt, Bootstouren waren von Anfang an ein beliebtes Sonntagsvergnügen. Noch heute kennt jeder Leipziger den Karl-Heine-Kanal, aber wer ist ihn schon einmal komplett entlangspaziert?

Der Spaziergang startet am (1) **Lindenauer Hafen.** Lange Zeit war das Gebiet ein Hafen ohne jegliche Boote, denn er war auf dem Wasserweg nicht zu erreichen. Aber warum war das so? 1938 begann in Leipzig der Bau eines großen Kanalprojekts, das mit dem Lindenauer Hafen die Saale und die Weiße Elster miteinander verbinden und Leipzig ans deutsche Wasserstraßennetz anschließen sollte. Der Hafen wurde gebaut, aber das geplante Umschlagbecken und vor

Neubauten am Lindenauer Hafen

3 AM KARL-HEINE-KANAL

Boot auf dem Karl-Heine-Kanal

Mörtelwerk

allem der Durchstich zu den verbindenden Kanälen wurden 1943 kriegsbedingt nicht verwirklicht und danach nicht fortgesetzt. Bis zum Jahr 2015 war er ein Hafen ohne Schiffe. Aber in Leipzig vergaß man nie so ganz den Traum, von hier aus bis zur Elbe fahren zu können. 2015 begannen die Arbeiten für die Verlängerung bis zum Karl-Heine-Kanal, der wiederum mit der Weißen Elster verbunden ist. Schon wenige Monate nach Baubeginn war die 665 Meter lange Anbindung bis zur **Luisenbrücke** am Karl-Heine-Kanal fertiggestellt und konnte geflutet werden. Nun kann man von hier aus bis zum Leipziger Neuseenland schippern. Nur die Verbindung zum Elster-Saale-Kanal fehlt aktuell noch.

Lange Zeit war das Gebiet rund um den Hafen eine Brachfläche, die durch die markanten Getreidespeicher geprägt war. Die Pläne für die Olympia-Bewerbung Leipzigs für 2012 brachten auch Hoffnung für das Hafengebiet. Hier sollte das Olympiadorf entstehen. Auch wenn die Olympiaträume platzten, wurden die Bebauungspläne für den Hafen umgesetzt, wenn auch wesentlich kleiner.

Wir gehen durch das **Wohnquartier** zur Promenade am Karl-Heine-Kanal, der wir nach links folgen. Am Ende der Häuser befindet sich schon die Luisenbrücke in Sichtweite. 2011/12 wurde sie neu erbaut. Ihr heutiges Aussehen ist angelehnt an den Vorgängerbau. Der erste Teil des Weges ist geprägt durch viel Grün, aber auch durch alte Fabrikruinen, die sicher in den nächsten Jahren wachgeküsst werden. Hier spürt man noch den alten Industriecharme des Viertels.

Nur wenige Meter weiter erblickt man auf der gegenüberliegenden Seite ein ehemaliges 2 **Mörtelwerk.** Heute kann man hier in den warmen Monaten Boote ausleihen und an den Wochenenden einkehren. Nachdem unser Weg die Saalfelder Straße unterquert hat, führt linker Hand eine kleine Treppe hinauf zum 3 **Kunstkraftwerk.** Im ehemaligen Elektrizitätswerk der Leipziger Straßenbahn und späteren Heizkraftwerk mit seinen teilweise über 10 Meter hohen Hallen ist ein außergewöhnlicher Ort für spektakuläre immersive Ausstellungen entstanden.

Der Weg führt uns entlang dem Kanal weiter, immer wieder unterqueren wir dabei Brücken –

Steintreppe am Karl-Heine-Kanal

kein Wunder, hat doch Leipzig mehr Brücken als Venedig! Kurz nach dem Passieren des Wasserspielplatzes erreichen wir den wohl idyllischsten Ort am Kanal – die **4 Steintreppe in der Nähe der Philippuskirche.** Mit direktem Blick aufs Wasser und auf die vorbeiziehenden Boote kann man hier auf den großen Stufen die Zeit bei einem Getränk genießen. Aber alleine ist man hier nie, denn die Treppe ist einer der Hotspots für Frischluftfans. Viele Leipziger picknicken hier, man kann sich herrlich an dem malerischen Blick mit den ins Wasser hängenden Weiden und der Philippuskirche im Hintergrund erfreuen.

Der Weg am Karl-Heine-Kanal teilt sich an zahlreichen Stellen. Die linke Abzweigung führt in die angrenzenden Stadtviertel, die rechte folgt dem Wasserlauf. Eine solche Abbiegung erreicht man kurz hinter der Philippuskirche. Der nach oben führende Weg endet auf der Karl-Heine-Straße mit Blick auf das **Westwerk.** Wer Hunger verspürt, kann hier im **Kaiserbad** lecker schlemmen. Direkt am Kaiserbad führt eine Treppe wieder nach unten zum Kanal.

Stelzenhaus

Wer den Weg am Kanal weiterläuft, unterquert die König-Albert-Brücke. Sie stammte aus der Bauzeit des Karl-Heine-Kanals. Die Zeit hatte ihr so stark zugesetzt, dass sie 2010 bis auf die Grundmauern abgebrochen werden musste. Nach der Instandsetzung wurde sie nach altem Vorbild wieder aufgebaut und mit Natursteinen original verblendet.

Karl-Heine-Bogen

Kaum haben wir die Brücke passiert, ist auch schon das 5 **Stelzenhaus** in Sicht. Der Bau wurde 1937–1939 für die Wellblechfabrik Grohmann & Frosch errichtet. Seinen Namen verdankt das Gebäude den 101 Stelzen, die am Ufer des Kanals stehen und auf denen das Gebäude zu schweben scheint. Die massive Ausführung soll schon im Hinblick auf den drohenden Krieg mit einer besonders belastbaren Statik angelegt worden sein. Lange Zeit beherbergte es ein Restaurant, aktuell wartet das Stelzenhaus auf eine neue Nutzung. Aber auch so ist es ein absoluter Blickfang am Wasser.

Während die Gedanken noch am Stelzenhaus hängen, steht man schon vor der nächsten Brücke. Sie ist die jüngste der 15 Brücken, die über den Kanal führen. Die Stabbogenbrücke trägt den

MIT DER MS WELTFRIEDEN ÜBERS WASSER SCHIPPERN

Den Karl-Heine-Kanal kann man auch bequem vom Wasser aus auf einer der zahlreichen geführten Motorboottouren entdecken. Die Grande Dame der Schiffe ist die MS Weltfrieden. Sie wurde 1945 in Parchim gebaut und als Küstenwachboot eingesetzt. Ende der 1950er-Jahre kam sie nach Leipzig und schipperte als Ausflugsschiff über den Auensee. Nachdem sie 1990 außer Betrieb genommen wurde, drohte die Verschrottung. Rettung kam durch eine Privatinitiative. Nach einer Komplettsanierung 1998 fährt die MS Weltfrieden nun über den Karl-Heine-Kanal. Die kurzweiligen Rundfahrten starten direkt am Stelzenhaus.

Café alma

Riverboat

passenden Namen **Karl-Heine-Bogen** und verbindet unseren Weg am Nordufer mit dem Stadtteilpark auf dem Gelände der ehemaligen Verladestation auf der gegenüberliegenden Seite. Unser Weg aber verläuft weiter am Kanal. Schon bald erreicht man das **Café alma.** Verpassen kann man es kaum, denn die Stühle und Tische stehen direkt am Kanalweg. Da sich das Café im Hinterhaus befindet, ist es nur über den Zugang am Kanalweg zu erreichen. Hier sitzt man gemütlich mit Blick aufs Wasser. Bei einem leckeren Zucchini-Schokokuchen oder einer Schwedischen Apfeltorte tankt man Energie für die letzte Etappe.

Von der Brücke an der Erich-Zeigner-Allee bietet sich ein schöner Blick Richtung Riverboat.

Gestärkt geht es weiter. Der Weg quert die Erich-Zeigner-Allee, auf der anderen Straßenseite führt er durch die Schluppe weiter am Kanal entlang.

Hier fällt der Blick auf die Villa Schurich, die im Art-déco-Stil erbaut wurde. Ihr prägnanter roséfarbener Putz brachte ihr den Beinamen „Villa Rossa“ ein. Direkt dahinter schließt sich das 6 **Riverboat** an, aus dem der MDR von 2003 bis

3 AM KARL-HEINE-KANAL

Ehemalige Buntgarnwerke

Ehemalige Buntgarnwerke

2008 die gleichnamige Talkshow sendete. Heute ist der „Kulturhafen Riverboat“ eine Eventlocation für unterschiedlichste Veranstaltungen. Aber er bietet auch ein spannendes Stück Industriegeschichte, denn die Brücke, auf der der dampferartige Bau thront, wurde 1883 ursprünglich als Eisenbahnbrücke erbaut. Es war das Verbindungsgleis zwischen den Buntgarnwerken und dem Bahnhof Plagwitz.

Nur wenige Meter weiter endet der Karl-Heine-Kanal und mündet in die Weiße Elster. Die Stelle des Zusammenflusses bleibt allerdings Paddlern vorbehalten. Der Spazierweg biegt linker Hand zwischen den Wohnbebauungen ein. Nach wenigen Metern queren wir den Parkplatz und stehen vor dem beeindruckenden Komplex der 7 **ehemaligen Buntgarnwerke.** Er gilt als Europas größtes Industriedenkmal der Gründerzeit. Wo einst Maschinen ratterten, kann man heute mit Blick aufs Wasser in komfortablen Lofts wohnen. Ein Blick in den Innenhof lohnt auf jeden Fall. Man ist begeistert von der Größe und der Schönheit der Gebäude, und wer am Wasser nach rechts blickt, sieht nicht nur die zweigeschossige Brücke aus Glas und Eisen, sondern auch Paddler, wie sie vom Ende des Karl-Heine-Kanals auf die Elster einbiegen.

Der Weg führt weiter entlang der Nonnenstraße. Kurz hinter den ehemaligen Buntgarnwerken ist linker Hand in der Nonnenstraße 38 das 8 **Museum für Druckkunst** ansässig. Im Gebäude einer ehemaligen Druckwerkstatt wird auf mehreren Etagen die über 500-jährige Geschichte der Druckkunst in Leipzig lebendig. Ein Besuch lohnt auf jeden Fall.

An der Ernst-Mey-Straße führt der Spaziergang nach rechts über die 9 **Könneritzbrücke.** Sie überquert nicht nur die Weiße Elster, sondern verbindet die beiden Stadtteile Plagwitz und Schleußig miteinander. Die Brücke, 1899 in einer Stahlbogenkonstruktion errichtet, ist die vielleicht schönste Leipzigs.

Von der Brücke aus erblickt man ein Haus mit klassischer Klinkerfassade. Wo heute Wohnungen und Geschäftsräume sind, erinnert nur noch der Schriftzug an seine ehemaligen Besitzer. Die 10 **Firma Mey & Edlich** produzierte hier ab 1871 Papierkragen und -manschetten. Seit 1886 vertrieb die Firma illustrierte Warenkataloge an ihre Kunden. Diese enthielten nicht nur die eigenen Produkte. Das Angebot war weit gefächert und umfasste Wäsche-

VOM FABRIKSCHLOSS ZUR BELIEBTEN WOHNGEGEND

Mitte des 19. Jahrhunderts und ganz besonders nach der Reichsgründung 1871 wollten Fabrikanten ihre neu gewonnene soziale Stellung und die Macht der Industrie verdeutlichen, indem sie sich nicht nur repräsentative Fabrikantenvillen erbauen ließen, sondern opulente Industriegebäude als wahre Fabrikschlösser errichteten. Die Sächsische Wollgarnfabrik, die zwischen 1875 und den 1920er-Jahren entstand, ist ein herausragendes Beispiel für diesen Gebäudestil. Rechts und links der Elster beeindrucken die Gebäude mit einer roten Backsteinfassade, hellen Putzstreifen und dezenter Ornamentik, aber auch mit den als Kontor dienenden Hochbauten mit kuppelartigem Aufbau. Die schmucken Fassaden verbargen nach außen die eigentliche Funktion als Fabrik. Schon zu DDR-Zeiten wurden die Gebäude wegen ihrer Einzigartigkeit unter Denkmalschutz gestellt. So blieb dieser unverwechselbare Komplex bis heute erhalten und veranschaulicht eindrucksvoll die Wandlung von einem Großbetrieb zu einem Ort mit hoher Lebensqualität.

3 AM KARL-HEINE-KANAL

Museum für Druckkunst

artikel genauso wie Gardinen oder Kolonialwaren und Parfüme. Mit diesem Katalog gelten Carl Ernst Mey und Emil Bernhard Edlich als Begründer des Versandhandels.

Wer Lust hat, kann die Könneritzstraße mit ihrem bunten Mix aus Gastronomie und Geschäften entlangspazieren.

Am Ostende der Brücke, gleich zu Beginn der **Könneritzstraße,** steht eine stattliche Villa im Stil der italienischen Renaissance. Der historistische Bau wurde 1874 für Karl Heine errichtet, der hier bis zu seinem Tod lebte. Die gelbe Villa fällt besonders in Auge, ist sie doch eine der wenigen Villen zwischen all den Wohnhäusern, die in der Gegend um die Wende zum 20. Jahrhundert entstanden sind. Die Villa bildet den Endpunkt unseres Spaziergangs, die Straßenbahnhaltestelle ist schon in Sichtweite.

Könneritzbrücke

4

Start/Ziel: Haltestelle Goerdelerring, 04105 Leipzig
Länge: ca. 5,3 Kilometer
Dauer: ca. 2 Stunden
ÖPNV: Tramhaltestelle Goerdelerring
Parken: Parkplatz Naturkundemuseum, Rosentalgasse 3, 04105 Leipzig

UNTERWEGS ENTDECKT

1. Standort der alten Angermühle
2. Deutsches Zentrum für barrierefreies Lesen
3. Ariowitsch-Haus
4. Liviaplatz
5. Mückenschlösschen
6. Gründerzeitarchitektur
7. AOK-Gebäude
8. Deutsches Kleingärtnermuseum
9. Stadthafen
10. Freigelegter Elstermühlgraben

ESSEN + TRINKEN

D'Italy – Restaurant und Pizzeria, Jacobstraße 2, 04105 Leipzig, Tel. (03 41) 35 05 88 50, ditaly.de
(Stilvoll und authentisch)

Mückenschlösschen, Waldstraße 86, 04105 Leipzig, Tel. (03 41) 9 83 20 51, mueckenschloesschen-leipzig.de
(Historisches Ambiente und lauschiger Biergarten)

Schreber's Restaurant und Biergarten, Aachener Straße 7, 04109 Leipzig, Tel. (03 41) 9 61 13 24, schrebers.com
(Gutbürgerliche Küche mitten im Grünen)

DURCHS WALDSTRASSENVIERTEL

Von alten und neuen Ufern

Unser Spaziergang führt durchs Zentrum-West und das angrenzende Waldstraßenviertel. Der Name erinnert an die Wald- und Wiesenlandschaft, die einst das Gebiet prägte. Heute ist es Deutschlands größtes Gründerzeitviertel. Auf unserem Rundgang begleitet uns der Elstermühlgraben. Ein Teil von ihm gehört fest zum Stadtbild, denn er trennt schon immer das Waldstraßenviertel vom Rosental, während ein anderer Teil in den letzten Jahren erst wieder ans Licht geholt wurde und neue Ufer entstehen lässt.

Wir starten am Goerdelerring in westliche Richtung. Direkt an der Einbiegung zur Jacobstraße steigen wir ein paar Stufen hinab. Hier hat man einen besonders schönen Blick auf den **Elstermühlgraben** und die angrenzenden Häuser. Schon im 12. Jahrhundert wurde der Graben zur Hochwasserregulierung angelegt, und bereits 1212 wird an der Nordseite des Mühlgrabens eine Fischersiedlung erwähnt. An dem Ort, wo wir jetzt stehen, befand sich die einzige Mühle am Elstermühlgraben – die 1 **Angermühle,** die ebenfalls um diese Zeit entstanden ist. Als der Ranstädter Steinweg im 19. Jahrhundert als Wohngebiet ausgebaut wurde, benötigte man neue Bauflächen und überwölbte Teile des Grabens. Allerdings bedeutete das auch das Aus für die Mühle. Sie wurde 1879 abgebrochen. Heute erinnert eine kleine Tafel an ihren einstigen Standort.

Wir gehen die Stufen wieder hinauf und in die Jacobstraße hinein. Das Haus Nummer 2 wurde im Jahr 1880 erbaut. Schon damals verfügte es über ein Restaurant im Erdgeschoss. Zu DDR-Zeiten wurde die Ecke zu einem wichtigen Anlaufpunkt für Autofahrer, denn hier wurden Autobatterien verkauft. Durch die fehlende Nutzung verfiel die Terrasse über dem Elstermühlgraben. Diese wurde mit der Sanierung des Hauses erneuert. Heute befindet sich im Erdgeschoss wieder ein Restaurant: Im **D'Italy** kann man

An der alten Angermühle

stadtnah und doch ruhig gelegen speisen und bei schönem Wetter den Blick von der Terrasse aufs Wasser genießen.

Der Jacobstraße folgend, erreichen wir die **Humboldtstraße,** an deren Ecke eine markante Klinkerfassade mit Art-déco-Elementen hervorsticht. Das Haus wurde 1923 als Büro- und Verwaltungsgebäude von der Firma Kell & Löser zur eigenen Nutzung erbaut. Heute ist es Sitz der Krankenhausgesellschaft Sachsen e. V. Durch seine strenge Gliederung wirkt der Bau fast monumental, fügt sich aber trotzdem in die umliegende Bebauung harmonisch ein. Auf dem Platz vor dem Geschäftshaus zeigt ein Relief die bauliche Situation im jetzigen Waldstraßenviertel in der Zeit um 1840. Im Zuge der Umgestaltung des Platzes 2006 wurde auch dic **Gustav-Adolf-Brücke** erneuert. Histori-

4 DURCHS WALDSTRASSENVIERTEL

Deutsches Zentrum für barrierefreies Lesen

sche und moderne Elemente verbinden sich harmonisch.

Bevor wir der Hinrichsenstraße folgen, werfen wir noch einen Blick in die Gustav-Adolf-Straße. Schon von Weitem erblicken wir den markanten Bau des ② **Deutschen Zentrums für barrierefreies Lesen (dzb lesen).** Bis zum Zweiten Weltkrieg beherbergte das Haus die Höhere Israelitische Schule. Ihrem Gründer Ephraim Carlebach zu Ehren trägt das Haus seinen Namen, außerdem erinnert eine Tafel am Haus an die Schule.

Wir folgen der Hinrichsenstraße ein Stück den Mühlgraben entlang und biegen dann mit ihr ins Waldstraßenviertel ein. Hier fällt das ③ **Ariowitsch-Haus** ins Auge. Es wurde 1931 vom renommierten Architekten Emil Franz Hänsel zur Erinnerung an den jüdischen Pelzhändler Julius Ariowitsch erbaut. Seine Witwe und sein Sohn Max gründeten eine Stiftung, die sich zum Ziel setzte, ein Altersheim zu bauen, um die Not im Alter zu lindern. Das Haus er-

DEUTSCHES ZENTRUM FÜR BARRIEREFREIES LESEN (DZB LESEN)

1894 wurde in Leipzig der Verein zur Beschaffung von Hochdruckschriften für Blinde als Träger der ersten deutschen öffentlichen Blindenbibliothek gegründet. Sukzessive wurden die Ausleihmöglichkeiten in der Bibliothek erweitert. Die Bestände der Werke in Blindenschrift stiegen ebenso wie die Zahl der Leser. Aber die Weltwirtschaftskrise und beide Weltkriege zwangen zu rigiden Sparkursen, zudem wurde ein Großteil der Bestände im Zweiten Weltkrieg unwiederbringlich zerstört. Die Deutsche Zentralbücherei für Blinde, wie das dzb lesen bis 2019 hieß, zog 1954 an ihren heutigen Ort – in die Gustav-Adolf-Straße 7. Hier können über 61.000 Bücher im DAISY-Format (Digital Accessible Information System) und fast 20.000 Bücher in Brailleschrift ausgeliehen werden. Das dzb lesen ist weit mehr als nur eine Bibliothek. Es vereint unter seinem Dach ein Tonstudio, eine Druckerei und eine Buchbinderei für die Produktion von Braillebüchern, Hörbüchern, Zeitschriften, Reliefs, Noten sowie für Großdruck.

innert mit seinen zwei Runderkern an eine aufgeschlagene Tora-Rolle. 1942 wurden die hier lebenden 99 Bewohner nach Theresienstadt deportiert und das Haus von der Gestapo in Beschlag genommen. Nach dem Krieg war es erst Sitz der amerikanischen, später der sowjetischen Armee. Von 1948 bis zum Jahr 2000 vermietete es die jüdische Gemeinde an die Stadt, die wieder ein Altersheim einrichtete. Seit 2009 ist das Ariowitsch-Haus ein Kultur- und Begegnungszentrum. Mit Projekten, Workshops, Kursen, Konzerten, kulturhistorischen Vorträgen, Diskussionsrunden und dem gemeinsamen Feiern traditioneller jüdischer Feste ist das Zentrum ein lebendiger Ort jüdischer Kultur.

Ariowitsch-Haus

Liviaplatz

Hinter dem Ariowitsch-Haus biegen wir rechts in die **Funkenburgstraße.** Der Name erinnert an die Große Funkenburg – ein Gut, bestehend aus mehreren Häusern, das einst hier stand. Die Straße markiert die Achse des ehemaligen Haupthauses und die Mittelachse des Hofes. Die jetzige Tschaikowskistraße war die ehemalige Gartenallee des Gutes. Im 18. Jahrhundert war die Funkenburg eine beliebte Ausflugsgaststätte mit Garten und Teichanlage, aber das schützte nicht vor dem Abriss. 1855 kaufte Bankier Woldemar Frege das Anwesen. Er und sein Sohn trieben die Parzellierung des Gebietes voran und verkauften die Grundstücke gewinnbringend für den Bau von Wohngebäuden weiter. Sie legten damit den Grundstock für das **Waldstraßenviertel.**

Wir folgen der Funkenburgstraße und in deren Verlängerung der Liviastraße bis zum ❹ **Liviaplatz.** Lange Zeit war er vom Autoverkehr geprägt und ein Ort von nur geringer Aufenthaltsqualität. 2022 startete ein Modellprojekt zur Neugestaltung des Platzes. Statt Autos stehen auf den abgegrenzten Fahrbahnflächen nun große Pflanzkübel und zahlreiche Bänke. Sie laden ein, Platz zu nehmen und die Architektur der umliegenden Häuser zu betrachten. Ein besonderer Blickfang sind die Zwillingshäuser, die spiegelverkehrt erbaut wurden und den Platz prägen. Es bleibt zu hoffen, dass der Platz nach dem Ende der dreijährigen Pilotzeit seine neu gewonnene Schönheit beibehält.

Bis zum Zweiten Weltkrieg lebten in keinem anderen Stadtteil Leipzigs mehr Menschen jüdischen Glaubens als im Waldstraßenviertel.

Nach einer kurzen Pause folgen wir der **Liviastraße** weiter entlang dem Elstermühlgraben und erreichen nach wenigen Schritten die Hausnummer 6. Schon von Weitem fällt das Gebäude mit dem markanten Bogengiebel und seinen lang gezogenen Balkonen auf. Es wurde von Emil Franz Hänsel 1905 gebaut. Das Haus ist geprägt von außergewöhnlichem Fassadenschmuck, der das Thema Liebe und Ehe aufgreift. So finden sich über dem Eingang der Spruch „Wo Lieb im Hause wohnt, der Segen Gottes thront“ und als Verzierung Herzen, Amorpfeile, Rosen, Doppelkreise, die man

Kränzehaus

als Eheringe deuten kann. Unter dem großen Giebel sieht man eine Kette von floralen Kränzen, die dem Haus seinen Beinamen **„Kränzehaus“** gaben.

Noch bis 1900 befand sich zwischen Christianstraße und Waldstraße Leipzigs größte und beliebteste Spritzeisbahn.

Wir biegen in die **Christianstraße** ein. Die Häuser mit der Nummer 1 und 3 stammen ebenfalls von Emil Franz Hänsel. Die fast identischen Häuser, 1902/03 erbaut, unterscheiden sich nur durch die Fassadengestaltung, ansonsten sind sie baugleich. Haus Nummer 1 errichtete Hänsel als sein Privathaus. Hier wohnte und arbeitete er bis zu seinem Tod 1943. Hänsel gilt mit über 500 Bauten als einer der schaffensreichsten Architekten Leipzigs.

Nach wenigen Metern biegen wir rechts in die Waldstraße ein, um einen kurzen Abstecher zum 5 **Mückenschlösschen** zu machen. Das prachtvolle Haus wurde 1890–1892 erbaut und avancierte aufgrund seiner idyllischen Lage direkt am Rosental schnell zu einem beliebten Ausflugslokal. Erst hieß es Waldschlösschen, aber schon bald wurde es zum Mückenschlösschen umbenannt – einst war das Rosental aufgrund der hohen Feuchtigkeit bei Mücken sehr beliebt. Das Pferd Augusts des Starken soll sich aufgrund einer Mückenplage so stark aufgebäumt haben, dass er vom Pferd fiel, und auch Goethe befürchtete beim Spaziergang durchs Rosental, dass „einem jeglicher Gedanke aus dem Hirn gestochen wird“. Aber die Mücken waren sicher nicht daran schuld, dass das Restaurant 1923 schließen musste. Nach mehreren Besitzerwechseln war hier bis 1992 die Heimat des Postkartenverlags Arthur Beyerlein. 1993 wurde das Haus originalgetreu saniert. Zwei Jahre später öffnete das beliebte Restaurant mit dem weitläufigen Biergarten und Blick auf den **Elstermühlgraben.** Auch wenn heute keine Mückenplage zu befürchten ist, trägt es weiterhin den Namen Mückenschlösschen.

Mückenschlösschen

4 DURCHS WALDSTRASSENVIERTEL

Eingangstür in der Waldstraße

Wir flanieren die alleeartige Waldstraße wieder zurück und weiter geradeaus, dabei genießen wir rechts und links die beeindruckende 6 **Gründerzeitarchitektur.** Wir biegen links in die Hinrichsen- und dann gleich wieder rechts in die Tschaikowskistraße ein. Auch hier ist ein Haus schöner als das andere. Im Gegensatz zu zahlreichen anderen Leipziger Stadtteilen blieb das Waldstraßenviertel vor Kriegsschäden weitestgehend verschont. Zahlreiche wundervolle Details wie Kacheln, bemalte Hausflure oder auch Stuckverzierungen blieben erhalten. Das Viertel wurde zwar zu DDR-Zeiten nicht saniert, aber es gab auch keine größeren

Abrisse. Ein Glücksfall, denn so konnte die Bausubstanz ab 1990 saniert und erhalten werden. Das letzte sanierte Gebäude im Waldstraßenviertel war übrigens die **Tschaikowskistraße** 13, das 2012 fertiggestellt wurde.

Die Häuser 1, 3, 5 und 7 der Tschaikowskistraße sowie die Häuser 10 und 12 der gegenüberliegenden Jahnallee bildeten einst das **Blüthner Karree.** In der Bombennacht im Dezember 1943 wurde die ursprüngliche Pianofabrik Blüthner am Westplatz zerstört. Auf der Suche nach einem Interim zog man in die Hinterhöfe der genannten Häuser und fertigte bis zur Verstaatlichung 1972 hier die berühmten Klaviere. Seit der Rückübertragung in den 1990er-Jahren erfolgt die Fertigung außerhalb der Tore Leipzigs in Störmthal.

Wir biegen in die Jahnallee ein und gehen rechter Hand bis zum **Waldplatz.** Wer noch nicht im Café Tamche eingekehrt ist, sollte unbedingt einen Zwischenstopp in der Dankbar einlegen. Hier kann man in den historisch gefliesten Räumen einer ehemaligen Fleischerei Kuchen und andere Leckereien verspeisen. Was für ein Glücksfall, dass bei der Sanierung und dem Umbau zum Café Anfang der 2010er-

AOK-Gebäude

Deutsches Kleingärtnermuseum

Jahre die vollständig erhaltene Decke unter der Abhängung zum Vorschein kam.

Der dreieckig gestaltete Waldplatz bildet eine Art Eingang zur Waldstraße. In seiner Mitte steht ein Brunnen mit bronzener Tänzerin, die von dem Berliner Bildhauer Joachim Schmettau geschaffen wurde. Baulich wird der Waldplatz vom roséfarbenen Waldplatzpalais dominiert. Es wurde 1889 im Stil des Historismus erbaut. Einen markanten Gegenpol bildet der Bau des 7 **AOK-Gebäudes** im Stil des Art déco, der schräg gegenüber steht. Der Bau wurde 1922–1925 nach Plänen des Leipziger Architekten Otto Droge realisiert. Die Leipziger AOK zählte 1921 über 200.000 Mitglieder und beschäftigte circa 5000 Angestellte. Entsprechend monumental sollte der Bau ausfallen. Die Schalterhalle im Obergeschoss misst allein fast 70 Meter. Das Gebäude gilt als eines der Hauptwerke des Art déco in Sachsen.

Wir biegen an der schmalen Seite des Hauses in die Willmar-Schwabe-Straße und dann in die Aachener Straße ein. Sie verläuft entlang der Kleingartenanlage und bringt uns zum nächsten Ziel: dem 8 **Deutschen Kleingärtnermuseum.** Kleingartenanlagen findet man in Leipzig an jeder Ecke, immerhin gibt es 278 mit über 39.000 Parzellen. Kein Wunder, dass man dem Kleingarten gleich ein ganzes Museum widmet. Und das an einem historischen Ort, denn es befindet sich in dem 1896 eingeweihten Vereinshaus des ersten Schrebervereins, der 1864 von Dr. Ernst Innocenz Hauschild in Leipzig gegründet wurde. Er benannte ihn nach seinem Freund Dr. Daniel Gottlob Schreber. In der Dauerausstellung „Deutschlands Kleingärtner vom 19. zum 21. Jahrhundert" erfährt man allerlei Wissenswertes rund um des Deutschen liebsten Ort – wie ihn zumindest einige nennen würden. Zum Museum zählen außerdem die Museumsgärten im Außenbereich sowie der Laubengarten, mit schmucken Lauben aus verschiedenen Jahrzehnten. Außerdem kann man im **Restaurant Schrebers** mit dem schönen Biergarten einkehren.

Wir folgen der Aachener Straße und biegen links in die Marschnerstraße ein. Auf der **Marschnerbrücke** können

4 DURCHS WALDSTRASSENVIERTEL

Stadthafen

In unmittelbarer Nähe zum Stadthafen befindet sich das beliebte Schreberbad.

wir schon einen Blick auf den Elstermühlgraben werfen. Unser Weg führt weiter über die Käthe-Kollwitz-Straße stadteinwärts. Das Schild 9 **Stadthafen** weist den Weg Richtung Elstermühlgraben. Dort, wo man auch heute schon in gemütlicher Strandatmosphäre sitzen und bei einem Getränk das muntere Treiben beobachten, sich ein Paddelboot ausleihen oder auf einer geführten Tour entlang der Kanäle schippern lassen kann, entsteht bis 2026 Großes. Das innerstädtische Hafenareal wird erweitert und bietet dann viel Platz für Bootsliegeplätze und umfangreiche gastronomische und Freizeitangebote.

Wir gehen über die **Schreberbrücke,** dann rechts am Elstermühlgraben und weiter der Carl-Maria-von-Weber-Straße folgend. Entlang dem wieder ans Licht geholten Elstermühlgraben ist ein idyllischer Weg entstanden. Zwischen der gründerzeitlichen Bebauung und den neu erbauten Häusern macht der ufernahe Fußweg das Wasser erlebbar. An den großen Treppenstufen lässt sich eine gemütliche Pause einlegen, und man kann die Füße im Wasser baumeln lassen. Mit der 10 **Freilegung des Elstermühlgrabens** ist hier ein richtiges Kleinod entstanden.

Am **Poniatowski-Plan** fällt ein quaderförmiges Denkmal ins Auge, das an eines der tragischsten Ereignisse der Völkerschlacht erinnert. 20.000 napoleonische Soldaten, darunter auch die Truppen des polnischen Fürsten von Poniatowski, schnitten sich durch eine verfrühte Sprengung einer Brücke über den Elstermühlkanal den Rückweg ab. Unter den Zurückgebliebenen brachen Chaos und Panik aus. Zahlreiche Soldaten gerieten in Gefangenschaft oder ertranken im hochwasserführenden Fluss. Józef Poniatowski kam ebenso ums Leben. Er war bereits durch zwei Schüsse verletzt und versuchte, mit seinem Pferd auf die rettende andere Seite zu kommen. Das Pferd überschlug sich und drückte den Fürsten unter Wasser, sodass er ertrank. Nur wenige Meter weiter, an der Ecke zum Ranstädter Steinweg, steht ein weiteres quaderförmiges Denkmal, das ebenfalls an die verfrühte Sprengung der Brücke erinnert.

Der Weg führt weiter dem Elstermühlgraben folgend über den **Ranstädter Steinweg** zu unserem Startpunkt zurück, dem Goerdelerring. Der Ranstädter Steinweg war und ist eine belebte Straße. Schon im Mittelalter war er Teil der Handelsstraße Via Regia. Am Goerdelerring angekommen, endet unser Rundgang entlang alter und neuer Ufer des Elstermühlgrabens, der uns den einen oder anderen Blick auf das vor sich hin plätschernde Wasser brachte.

Am neu geöffneten Elstermühlkanal

5

Start: Neues Rathaus, Martin-Luther-Ring 4, 04109 Leipzig
Ziel: Haltestelle Wildpark, Koburger Straße 12, 04277 Leipzig
Länge: ca. 9,2 Kilometer
Dauer: ca. 3 Stunden
ÖPNV: Start: Tram- und Bushaltestelle Neues Rathaus;
Ziel: Bushaltestelle Wildpark
Parken: Parkhaus Petersbogen, Lotterstraße 1, 04109 Leipzig

UNTERWEGS ENTDECKT

1. Neues Rathaus
2. Johannapark
3. Clara-Zetkin-Park
4. Galopprennbahn Scheibenholz
5. Gucklöcher am Haus der Bethlehemgemeinde
6. Fockeberg
7. Caracan
8. Wildpark

ESSEN + TRINKEN

Glashaus, Karl-Tauchnitz-Straße 26, 04107 Leipzig,
Tel. (03 41) 14 99 00 04, glashaus-leipzig.de
(Biergarten im Clarapark)

Musikpavillon, Anton-Bruckner-Allee 11, 04229 Leipzig,
Tel. (03 41) 2 30 87 59, musikpavillon-leipzig.de
(Genuss im Grünen)

Caracan, Neue Linie 20, 04277 Leipzig,
Tel. (01 76) 84 93 88 72, caracan.de
(Spanische Küche im Auwald)

VOM JOHANNAPARK ZUM WILDPARK

Leipzigs grüne Lunge

Leipzig ist eine grüne Stadt. Wie ein Band durchziehen der Auwald und die angrenzenden Parks die Stadt von Nord nach Süd. Auf unserem Spaziergang entdecken wir einen kleinen Teil der grünen Oasen. Der Weg führt vom Johannapark zum Clara-Zetkin-Park und durch den Auwald bis zum Wildpark. Ein erholsamer Spaziergang, bei dem man die Hektik der Stadt hinter sich lassen und die Natur genießen kann.

Unser Ausgangspunkt, das ① **Neue Rathaus,** liegt mitten in der Innenstadt. Es wurde in den Jahren 1899–1905 nach den Plänen des Architekten Hugo Licht im Stil des Historismus auf dem Gelände der mittelalterlichen Pleißenburg erbaut. Einzig der Turm fußt noch auf den alten Grundmauern. Mit seinem unregelmäßigen fünfeckigen Grundriss erinnert das Rathaus an die Gebäudeanordnung der Pleißenburg. Der Bau selbst stand unter dem Motto „Arx nova surgit – Eine neue Burg entstehe". Das Rathaus entstand zur Blütezeit Leipzigs, 900 Amtsstuben und mehrere repräsentative Säle zeugen heute noch von dieser Zeit. An der Rathausfassade findet der aufmerksame Betrachter zahlreiche span-

Neues Rathaus

Im Johannapark

nende Details. So lohnt sich ein Blick auf die Türklinken. Sie sind mit **kleinen Schnecken** verziert. Hugo Licht soll sie persönlich kurz vor der Eröffnung als Zeichen für das langsame Arbeiten der Arbeiter wie auch der Beamten angebracht haben. Und über allem wacht der Leipziger Löwe, das Wappentier der Stadt.

Im Frühjahr zaubern rund um den Pavillon am Eingang zum Johannapark an der Karl-Tauchnitz-Straße Tausende Krokusse kleine Farbtupfer auf die Wiese.

Der markante rote Bau gegenüber dem Rathaus ist die **Probsteikirche St. Trinitatis.** Die Fassade besteht aus Rochlitzer Porphyr, der sich an zahlreichen Leipziger Gebäuden findet. Die Kirche wurde 2015 geweiht und ist der größte Kirchenneubau der ostdeutschen Bundesländer nach der Wende. Mit der Kirche wurde auch eine neue Straße, die Nonnenmühlgasse, geschaffen. Ansonsten wäre die Postadresse des katholischen Gotteshauses ausgerechnet Martin-Luther-Ring 1 gewesen.

Wir durchqueren die kleine Grünanlage am Rathaus Richtung Westen und gelangen direkt in den 2 **Johannapark.** So idyllisch er mit dem kleinen Teich auch ist, so traurig ist seine Entstehungsgeschichte: Die Tochter des wohlhabenden Bankiers Wilhelm Seyfferth musste auf Geheiß ihres Vaters Dr. Gustav Schulz, einen Bankier aus Seyfferths Bankhaus, heiraten. Allerdings war Johanna in einen Gutsbesitzer verliebt. Sie zerbrach an der Ehe und nahm sich zwei Jahre nach der Hochzeit das Leben. Um sie zu ehren, ließ Seyfferth um 1860 den Park anlegen und benannte ihn nach Johanna. Er wählte für die Umgestaltung der Grünfläche keinen Geringeren als Peter Joseph Lenné. Nach Seyfferths Tod ging der Park an die Stadt mit der Verpflichtung, das Gebiet unbebaut zu lassen und an Lennés Gestaltung keine Änderung vorzunehmen. So spazieren wir noch heute durch einen Park im englischen Stil mit Teich, Fontäne, einer kleinen Insel und romantischen Brücken. Von ihnen aus hat

Fontäne im Clarapark

Auf der Großen Wiese im Clarapark findet jedes Jahr zum Wave-Gotik-Treffen freitags ab 14 Uhr das traditionelle Viktorianische Picknick statt.

Musikpavillon

man einen der schönsten Blicke Richtung Rathausturm und Panoramatower.

Direkt an den Johannapark schließt sich der 3 **Clara-Zetkin-Park** an, der im Volksmund nur Clarapark genannt wird. Er ist eine der beliebtesten Parkanlagen Leipzigs, was nicht zuletzt auch an seiner Vielfalt liegt. Die abwechslungsreiche Gestaltung mit dem großen **Fontänenbassin,** den Schmuckbepflanzungen und den weitläufigen Wiesenflächen, aber auch ein teils waldartiges Gebiet laden zum Spazieren und zum Rasten ein. Auch die Kultur kommt nicht zu kurz: Hier befindet sich die beliebte Parkbühne, auf der zahlreiche Konzerte stattfinden, das Leipziger Schachzentrum ist hier beheimatet, und mit dem Restaurant im **Glashaus** und dem Bier- und Cafégarten am rekonstruierten **Musikpavillon** gibt es verschiedene Einkehrmöglichkeiten. An den Wochenenden erklingt am Musikpavillon regelmäßig Livemusik von Dixieland über Swing bis hin zu klassischer Salonmusik.

Der Weg durch den Clarapark führt uns entlang der Anton-Bruckner-Allee Richtung **Sachsenbrücke.** Tagsüber ist sie eine ganz normale Brücke über das **Elsterflutbett.** Abends wandelt sie sich zu einem beliebten Treffpunkt. Hier sitzt man zusammen und genießt den Abend. Straßenkünstler unterhalten das Publikum mit vielfältigem Entertainment.

Wir biegen unmittelbar vor der Brücke nach links auf die Max-Reger-Allee und laufen parallel zum Elsterflutbett gen Süden. Das Elsterflutbett ist der rechte Nebenarm der Weißen Elster. Der künstliche Arm wurde zur dauerhaften Entlastung des Flusses angelegt und ist besonders bei Wassersportlern beliebt.

Am Zusammenfluss von Elsterflutbett und Pleiße

Nach nur wenigen Hundert Metern rückt das prägnante Tribünengebäude der 4 **Galopprennbahn Scheibenholz** ins Blickfeld. Die Holztribüne wurde nach Plänen des Leipziger Architekten Otto Paul Burghardt 1907 erbaut. Die Renntage auf der ältesten im Originalzustand erhaltenen Sportstätte in Sachsen ziehen alljährlich Zehntausende Besucher an, besonders beliebt ist der traditionelle Aufgalopp am 1. Mai. In den Sommermonaten öffnet zwischen Rennbahn und dem Elsterflutbecken der idyllische Biergarten.

Nur wenige Meter weiter mündet die Pleiße ins Elsterflutbett. Wir verlassen hier den Weg und biegen nach links ein. Hinter den Kleingärten überqueren wir die Wundtstraße und folgen kurz der Kurt-Eisner-Straße. An der Ecke zur Fockestraße befindet sich das Haus der **Bethlehemgemeinde.** Die evangelisch-lutherische Landeskirche hat hier ihren Sitz in einem alten Herrenhaus. Ein besonderer Blickfang ist die Stele, die an der Ecke der beiden Straßen steht. Von fern wirkt sie wie ein aufgeschlagenes Buch oder wie ein Kirchturm, den die Gemeinde nie hatte. Das

Guckloch an der Bethlehemgemeinde

Besondere sind die beiden **5** **Gucklöcher** in idealer Höhe für Kinderaugen. Wer hineinblickt, entdeckt dahinter immer wieder neue Bibelgeschichten.

Wir folgen der Fockestraße nach rechts und biegen nach wenigen Metern wieder ins Grüne. Knapp einen Kilometer geht es auf dem asphaltieren Weg bergan zum Gipfel des **6** **Fockebergs.** Wie alle Erhebungen in Leipzig ist auch der kleine Hügel in der Südvorstadt nicht natürlichen Ursprungs. Er entstand nach dem Zweiten Weltkrieg auf einer Bauernwiese. Hier lagern Trümmer, Schutt und Asche kriegszerstörter Häuser. Ursprünglich hieß der Berg „Trümmerkippe Bauernwiese". Nach und nach setzte sich anstelle des umständlichen Namens Fockeberg durch, abgeleitet von der angrenzenden Fockestraße. Oben angekommen, hat man eine wundervolle **Aussicht** auf die Innenstadt, den Auwald und die Südvorstadt. Wem ein Spaziergang auf den Berg nicht anstrengend genug ist, kann die 45 Höhenmeter beim alljährlichen Fockeberglauf im Herbst in Angriff nehmen.

Nachdem wir den kleinen Hügel wieder hinabgestiegen sind, folgen wir der **Fockestraße** und biegen an deren Ende rechts auf die Richard-Lehmann-Straße. Der **Auwald** ist nun zum Greifen nah. Der in den Auengebieten der Flüsse Pleiße, Weiße Elster, Luppe und ihrer zahlreichen Nebenarme entstandene Wald ist nicht nur eines der größten Auwaldgebiete Mitteleuropas, sondern auch einer der schönsten und artenreichsten Laubwälder. Er ist zu jeder Jahreszeit faszinierend und beliebtes Erholungsgebiet der Leipziger und ihrer Gäste. Durch den Wald führt ein sehr gut ausgebautes Wegenetz. Wir wählen die Neue Linie – einen asphaltierten Weg – Richtung Süden, die uns zum Wildpark führt.

Blick vom Fockeberg

Kulinarische Tribüne

Auf halber Strecke lädt das 7 **Caracan** zum Einkehrschwung. Aus der ehemaligen Sportlerklause der SG LVB ist eine mediterrane Kneipe entstanden, die Urlaubsfeeling verströmt. Direkt am Bolzplatz steht ein großer erhöhter Unterstand aus Holz. Hier werden Getränke ausgeschenkt, und es wird direkt im Freien am Grill gezaubert. Auf der Karte stehen Tapas aller Art und wechselnde Tagesgerichte. Wer sich nicht entscheiden kann, wählt den Caracanteller mit allerlei Leckereien. Er ist sozusagen das Best-of des Caracan. Ihn gibt es vegan, mit Fleisch oder mit Fisch. Auch die authentische hausgemachte **Paella** von Chefkoch Raúl ist überaus beliebt. Aber Vorsicht – nicht die Zeit vergessen, denn eine Etappe des Spaziergangs liegt noch vor uns.

Caracan

Nach nur wenigen Hundert Metern kündet das Wildschweingehege vom nahenden 8 **Wildpark.** Seine Geschichte reicht bis in Jahr 1904 zurück, als der Rat der Stadt Leipzig vom Mühlenbesitzer Jacob vier Stück Damwild geschenkt bekam. Für sie wurde im Auwald ein Gatter angelegt. Nachdem sich der Standort wegen Überschwemmungen als ungeeignet erwies, wählte man 1906 das heutige Gelände. Schon bald wurde der Tierbestand um Schwarz-, Rot- und Muffelwild erweitert und zog zahlreiche Besucher an. Was fehlte, war ein gastronomisches Angebot. So öffnete 1912 eine Schutzhütte mit Schankraum, zehn Jahre später ein Café und letztlich 1935 eine Wildparkgaststätte. Sie stand ungefähr dort, wo sich heute der Wirtschaftshof befindet. Von ihr zeugt nur noch die Sitzterrasse am Froschteich. Der Zweite Weltkrieg brachte das vorläufige Ende des Wildparks. Die Gehege wurden 1944 zum Schutz vor Wilderei geöffnet und der Park geschlossen.

Lange sah es so aus, als wäre die Geschichte des Wildparks damit auch beendet. Doch 1972 fasste die Leipziger Stadtverordnetenversammlung den Beschluss, auf dem Gebiet des Tiergeheges einen neuen Wildpark zu errichten.

Impressionen vom Wildpark

Im Oktober 1979 konnte die Gesamtanlage übergeben werden und erfreut noch heute Jung und Alt. In Abgrenzung zum Leipziger Zoo kann man in den weitläufigen, naturbelassenen Freigehegen auf dem circa 46 Hektar großen Gelände etwa 25 Tierarten beobachten, die in Mitteleuropa noch in freier Wildbahn vorkommen, wie zum Beispiel Rehe, Tiere, die früher im Auwald heimisch waren, wie Luchse, oder Tiere, die in letzter Zeit erst heimisch geworden sind, wie die Waschbären oder der Mink. Der Zugang aus dem Auwald erfolgt fast nahtlos. Ein großes Tor zeigt an, dass man sich jetzt auf dem Gelände des kostenfrei zugänglichen Parks befindet. Nur für den **Erlebnispfad** durch das Wildgehege wird ein kleiner Betrag von zwei Euro erhoben. Der Pfad ist ein Erlebnis- und Lernbereich, in dem man ohne Barrieren Wild in der natürlichen Umgebung beobachten kann. In diesem Teil des Wildparks steht außerdem ein kleiner Aussichtsturm. Von diesem Beobachtungsposten hat man einen schönen Blick auf Rotwild, Damwild und Muffelwild. Während der Brunftzeit hat der Erlebnispfad aus Sicherheitsgründen geschlossen.

Für eine Pause bietet sich die **Wildgaststätte** außerhalb des Geländes an oder auch das **Russische Blockhaus** mit dem angeschlossenen Märchenspielplatz für die Kleinsten direkt im Wildpark. Das Blockhaus wurde zur Herbstmesse 1979 als Exponat der Sowjetunion auf dem Messegelände ausgestellt. Das in originaler russischer Holzbauweise ohne Verwendung von Nägeln errichtete Haus ging nach der Messe als Geschenk an die Stadt Leipzig, die es im Wildpark neu aufbauen ließ. Auf die Gäste wartet hier ein umfangreiches Angebot für den kleinen Hunger. Auf jeden Fall sollte man bei einem Besuch die leckere Soljanka probieren. Im Winter kann man sie sogar am knisternden Kamin genießen.

Nach einem Rundgang durch den Wildpark führt der Weg **„Die Linie“** zur Koburger Straße mit der Bushaltestelle Wildpark. Hier endet unser Spaziergang durch einen kleinen Teil des grünen Bandes, das sich quer durch die Stadt schlängelt.

6

Start: Münzplatz, 04107 Leipzig
Ziel: Connewitzer Kreuz, 04277 Leipzig
Länge: ca. 5 Kilometer
Dauer: ca. 2 Stunden
ÖPNV: Start: Tramhaltstelle Münzstraße; Ziel: Tram- und Bushaltestelle Connewitzer Kreuz
Parken: In den Seitenstraßen rund um die Münzstraße

UNTERWEGS ENTDECKT

1. Münzplatz
2. Peterskirche
3. Stencil Pour Sybille von Blek le Rat
4. Wünschmannhaus
5. Löffelfamilie
6. Café Grundmann
7. Südplatz
8. Schnellbuffet Süd
9. HTWK
10. Werk II
11. UT Connewitz

ESSEN + TRINKEN

Café Grundmann, August-Bebel-Straße 2, 04275 Leipzig, Tel. (03 41) 2 22 89 62, cafe-grundmann.de
(Wiener Kaffeehaus in Leipzig)

Eisdiele Pfeifer, Kochstraße 20, 04275 Leipzig, Tel. (03 41) 3 91 37 90
(Eis im Retro-Ambiente)

Schnellbuffet Süd, Karl-Liebknecht-Straße 139, 04275 Leipzig, Tel. (03 41) 3 91 33 69
(Lecker ohne Schnickschnack)

Zahlreiche Cafés und Restaurants entlang der Münzgasse, der Karl-Liebknecht-Straße und der Wolfgang-Heinze-Straße

LEIPZIGS SÜDEN

Das bunte Leben entlang der Karli

Der Süden Leipzigs besticht durch seine Einzigartigkeit und Vielseitigkeit. Die Stadtteile Südvorstadt und Connewitz sind bekannt für ihre alternative Szene, die lebendige Kultur, beeindruckende Architektur und die vielfältige Gastronomie. Unser Weg führt entlang der Magistrale des Südens – der Karl-Liebknecht-Straße, auch kurz Karli genannt. Sie ist das Herzstück des kulturellen Lebens. Aber auch rechts und links des Weges gibt es im bunten Süden eine Menge zu entdecken.

Wir starten am 1 **Münzplatz,** der noch im Stadtviertel Zentrum-Süd liegt. Der Platz ist geprägt durch die historischen Fassaden der umliegenden Gebäude, aber auch durch einen der gelungensten Neubauten Leipzigs – das **KPMG-Gebäude.** Es wurde 1996–1998 durch die Architekten Schneider + Schumacher errichtet. Trotz des großen Kontrastes der Glasfassade zu den anderen Häusern fügt es sich harmonisch und unaufdringlich in die Gestaltung des Platzes ein. Das zweite prägnante Gebäude ist der Münzblock. Der Kopfbau beeindruckt mit seiner historistischen Fassade. Unser Weg führt zwischen den beiden Gebäuden in die Münzgasse. Auf nur circa 200 Metern befinden sich hier zahlreiche Lokalitäten.

Münzplatz

Die Münzgasse mündet direkt auf den **Floßplatz,** über den man eine kleine Runde drehen kann. Hier kam das Holz an, das aus den Wäldern im Vogtland nach Leipzig geflößt wurde. Nachdem die Flößerei aufgrund der Beförderung mit der Bahn im 19. Jahrhundert eingestellt wurde, gestaltete man den Platz zu einem Schmuckplatz um. Einen besonderen Blickfang bildet der rote Klinkerbau der ehemaligen **Kraftstation der Straßenbahn.** 1896 verkehrte die erste elektrische Straßenbahn in Leipzig zwischen Königsplatz (heute Wilhelm-Leuschner-Platz) und Connewitz. Da das Stromnetz noch nicht leistungsfähig war, errichtete man eine eigene Kraftstation. Heute wird sie als Bürogebäude und Probebühne des Leipziger Schauspiels genutzt.

Wir biegen links in die Riemannstraße ein und überqueren die Karli bis hin zum **Gaudigplatz** mit der 1882–1885 erbauten ② **Peterskirche.** Ihr Kirchturm ist schon weithin sichtbar, kein Wunder, ist er doch mit 88,5 Metern der höchste der Stadt. Die Kirche zählt zu den beeindruckendsten historistischen Bauten Mitteldeutschlands. Ihre Fassade erinnert an nordfranzösische Kathedralen aus der Zeit der Gotik. Das eindrucksvoll große Mittelschiff mit den farbigen Bleiglasfenstern hat eine beachtliche Spannweite von 17 Metern und ist damit sogar größer als das des Kölner Doms. Die Kirche verfügt nicht mehr über eine feste Bestuhlung. So kann sie als flexibler Veranstaltungsraum genutzt werden. Hier finden nicht nur Gottesdienste statt, sondern auch Konzerte, Theateraufführungen und sogar Ausstellungen.

Peterskirche

Wir biegen vom Gaudigplatz rechts in die **Schletterstraße** ein und kehren zurück in die Karl-Liebknecht-Straße. Am Eckhaus befindet sich hinter einer Plexiglasscheibe ein ganz besonderes Graffito, genauer gesagt ein ③ **Stencil.** 1991, als Leipzig noch grau war, besuchten französische Graffitikünstler auf Einladung der Universität die Stadt. Einer von ihnen war Blek le Rat (bürgerlicher Name: Xavier Prou). Er hinterließ an der Hauswand ein Stencil, das einer Madonna des Barock-Malers Caravaggio nachempfunden war, und widmete es mit dem danebenstehenden Schriftzug Sybille. In sie hat er sich in Leipzig verliebt, später heirateten sie. Lange Zeit war das Stencil von Plakaten verdeckt und wurde eher durch Zufall wiederentdeckt, 2012 hat Blek le Rat es restauriert. Er gilt als Vater der Schablonensprühtechnik, mit der er schon seit 1981, also lange vor Banksy, Wände mit Ratten besprühte. Das und der Fakt, dass die Madonna das einzig erhaltene Graffito der Nachwendezeit ist, machten es für das Amt für Denkmalsschutz schützenswert, und es erhielt den Denkmalstatus.

Auf der gegenüberliegenden Seite fällt der Blick auf einen der monumentalsten Bauten Leipzigs – das 4 **Wünschmannhaus.** Das Haus, das heute den Namen seines Architekten trägt, wurde 1914–1917 als Gewerkschaftshaus für den Verband deutscher Handlungsgehilfen erbaut. Beeindruckend sind der portikusartige

Stencil Pour Sybille

Wünschmannhaus

Mittelteil mit den sechs Säulen, die über vier Geschosse reichen, sowie die 47 Meter hohe Kuppel des Hauses.

Unbedingt einen Blick in den offen gestalteten Eingangsbereich werfen. Die Kassettendecke ist mit sechs Glasmosaiken verziert.

Ein Stück weiter stehen sich zwei prägnante Bauten gegenüber. Auf der rechten Seite fällt das lang gestreckte rötliche **Volkshaus** ins Auge. 1891 planten mehr als 40 Arbeiterverbände den gemeinsamen Bau eines Gewerkschaftshauses. Sie gründeten eigens dafür die Volkshaus GmbH, wovon sich der heutige Name ableitet. Das Gebäude, das wir heute hier sehen, wurde

1945 neu erbaut, nachdem die Vorgängerbauten mehrfach zerstört wurden: 1920 während des Kapp-Putsches, 1928 durch einen Großbrand, 1933, als die SA das Gebäude besetzte, und auch im Zweiten Weltkrieg trug es schwere Schäden davon. Auch wenn der Bau nach 1945 mit vereinfachter Fassadengestaltung wiedererrichtet wurde, ist ein unübersehbares Haus entstanden, das die obere Karl-Liebknecht-Straße prägt. Es ist immer noch Gewerkschaftssitz. Im Erdgeschoss befinden sich mehrere Geschäfte und die beliebte Gaststätte „Volkshaus".

Direkt neben dem Volkshaus steht einer der kultigen Fotoautomaten, an dem man schöne Erinnerungen in Schwarz-Weiß erstellen kann.

Direkt gegenüber befindet sich **Leipzigs erster Plattenbau.** 1961–1963 entstand der sechsgeschossige Wohnkomplex mit einer vorgelagerten Ladenzeile und dem angeschlossenen zweistöckigen Verkaufspavillon. Auf der breiten Grünfläche zwischen der Bebauung und der Straße wurde 1974 die Plastik „Mann, Frau, Kind" von Klaus Schwabe aufgestellt.

Unser nächstes Ziel ist das **Feinkostgelände.** Ursprünglich als Brauerei erbaut, produzierte man hier bis 1990 im VEB Feinkost Marmeladen, Säfte und Konserven. Heute steht das Gelände wie kein zweites für das bunte Leben im Süden. Hier und in den angrenzenden Häusern hat sich eine vielfältige alternative Szene aus Läden, Gastronomie und Kultur etabliert. Der monatliche Flohmarkt an der Feinkost zieht zahlreiche Besucher an. Und über allem leuchtet die 5 **Löffelfamilie,** die zum heimlichen **Wahrzeichen der Südvorstadt** geworden ist. Seit 1975 erstrahlt sie jeden Abend am ehemaligen VEB Feinkost. Den Auftrag für den Entwurf erhielten die Grafiker Theo Hesselbarth und Jürgen Mau. Ihre Künstlergruppe „Unda" schuf zahlreiche Neonwerbungen,

Löffelfamilie

die prägend für die Stadt wurden, unter anderem den Schriftzug „Willkommen in Leipzig", der in verschiedenen Sprachen die Gäste begrüßt, sowie das Konterfei von Goethe mit dem Ausspruch „Mein Leipzig lob ich mir". Beide leuchten seit 2017 wieder unweit des Bahnhofs an den Höfen am Brühl. Ihre wohl berühmteste Arbeit ist die Löffelfamilie. Der Go-West-Cowboy in Las Vegas und das Bild einer befreundeten Familie sollen Pate gestanden haben. Heute kümmert sich ein Verein um ihren Erhalt. Wer die Neonfamilie leuchten sehen will, hat täglich ab Sonnenuntergang Gelegenheit dazu, dann löffelt sie für 90 Minuten. Später am Abend kann sie mit einem Spendenanruf oder -SMS zum Leuchten gebracht werden.

Café Grundmann

Nur wenige Schritte weiter kündet ein ehemaliges Wachgebäude davon, dass hier einst die Stadtgrenze verlief. Da sich die Stadt schnell ausdehnte, verlor das 1856 errichtete Zeitzer Torhaus aber schon wenige Jahre danach seine einstige Bedeutung. Heute befindet sich hier das beliebte **Pub Killiwilly.**

Wer eine Kaffeepause einlegen möchte, dem sei an dieser Stelle ein kleiner Abstecher empfohlen: Dazu biegen wir am Killiwilly rechts ab und erreichen die August-Bebel-Straße. Hier wartet mit dem 6 **Café Grundmann** ein ganz besonderes Stück Kaffeehauskultur auf die Gäste. Schon von außen begeistert der Art-déco-Stil, der sich im Inneren fortsetzt. Es ist ein einzigartiges Café, das es so im mitteldeutschen Raum kein zweites Mal gibt. Das Grundmann setzt die Tradition fort, die hier schon seit 1919 besteht. Auch wenn die Namen immer wieder gewechselt haben, verströmt das Café im Inneren mit seiner Holzvertäfelung, den Thonet-Stühlen und den Marmortischen noch den traditionellen Wiener Kaffeehauscharme der Anfangszeit. Und wenn man von einem Kellner im Livreé ein Frühstück „Wien" mit zwei Eiern im Glas, Marillenkonfitüre und Brötchen serviert bekommt, fühlt man sich direkt in die Hauptstadt Österreichs katapultiert. Neben den verschiedenen Frühstücksangeboten besticht die Karte mit herzhaften Gerichten, wie zum Beispiel der legendären Karlsbader Schnitte, und natürlich leckersten Torten und Kuchen. Der Inhaber des Cafés Grundmann betreibt außerdem das im Jugendstil eingerichtete **Café Maître** mit angeschlossener Patisserie wenige Hundert Meter weiter südwärts auf der Karli.

Am Südplatz

Direkt an das Killiwilly schließt der 7 **Südplatz** an. Auch wenn er aufgrund der Straße nicht als solcher zu erkennen ist, zählt er doch mit seinen zahlreichen Einzelhandelsgeschäften, Cafés und Kneipen, die sich auch nach Norden und Süden ausdehnen, zum beliebten Anziehungspunkt. Vor allem in den warmen Monaten sitzt man auf den Freisitzen, Treppenaufgängen oder auf dem Bürgersteig und genießt die Zeit.

Wir laufen die **Karli** weiter gen Süden und atmen das quirlige Flair der Straße ein. Zwischen der Gaststätte Kollektiv und dem Café Puschkin biegen wir nach rechts in die Alfred-Kästner-Straße ein und folgen ihr bis zur August-Bebel-Straße. Auf dem Weg sollte man unbedingt in der **Eisdiele Pfeifer** an der Ecke zur Kochstraße anhalten – seit 1953 eine Institution in Leipzig. Hier gibt es leckeres Eis aus eigener Herstellung im Retro-Ambiente der Originaleinrichtung aus den 50er-Jahren.

Zu fast jedem Haus rechts und links der Karl-Liebknecht-Straße gehörte früher ein gewerblich genutztes Hintergebäude. Kleinbetriebe wie Tischlereien, Schlosse-

August-Bebel-Straße

Schnellbuffet Süd

reien, Likörfabriken oder kleine Druckereien war hier unter anderem ansässig. Die Mischform von Hinterhofindustrie und Mietshäusern für Arbeiter, Handwerker und Angestellte prägte das Gebiet. Ganz anders sah dies in der **August-Bebel-Straße** aus. Sie wurde 1879 als reine Wohnstraße, vornehmlich für das Großbürgertum, errichtet. Die Ansiedlung von Gewerbe und Einzelhandel war verboten. Heute zählt die Straße zu einem der beeindruckendsten Ensembles für gehobenes Wohnen in Leipzig. Direkt an der Ecke zur Alfred-Kästner-Straße steht ein sehr repräsentatives Beispiel für die Häuser der Straße. Georg Wünschmann baute 1906 für den Arzt Victor Rudolph eine herrschaftliche Wohnvilla, die besonders durch ihre abgerundeten Ecken, vorstehenden Erker und Jugendstilverzierungen beeindruckt. Wir schlendern die Straße ein gutes Stück nach Süden entlang, lassen ihren Charme auf uns wirken und biegen in der **Hardenbergstraße** wieder Richtung Karl-Liebknecht-Straße ab, um ihr weiter südwärts zu folgen.

An der Ecke zur Kantstraße wartet eine weitere Leipziger Institution auf uns: das 8 **Schnellbuffet Süd.** Hier wird klassische DDR-Küche mit jeder Menge Retro-Charme serviert. Auf der Karte, die groß über der Selbstbedienungstheke prangt, finden sich Klassiker wie Jägerschnitzel mit Spirelli oder Eier in Senfsoße. Und das alles zu sehr angenehmen Preisen.

Nach der Querung der Richard-Lehmann-Straße wechseln wir die Stadtteile. Wir lassen die Südvorstadt hinter uns und erreichen **Connewitz.** Das letzte Stück der Karli ist durch die Gebäude der 9 **HTWK** (Hochschule für Technik, Wirtschaft und Kultur) geprägt. Sie ist aus der Königlichen Bauschule hervorgegangen. Das Eckgebäude – der Geutebrück-Bau – aus dem Jahr 1913 beherbergt heute unter anderem das Rektorat der HTWK. Zum Campusgelände zählen insgesamt 13 Gebäude aus den unterschiedlichen Jahrzehnten. Am Haus direkt daneben mit der Hausnummer 132 sollte man einen Blick auf den Haupteingang werfen. Er ist geprägt durch ein großes Mosaik im Stil des Sozialistischen Realismus, das nach Entwürfen des Malers

HTWK

Werk II

Gerhard Eichhorn gestaltet wurde. Gegenüber befindet sich der expressionistische **Lipsiusbau.** Das prägnante Gebäude wurde 1923–1926 für die Oberpostdirektion errichtet. Später war es Sitz der Bezirksverwaltung Leipzig und des Regierungspräsidiums. Nach einem Umbau gehört es seit 2001 ebenfalls zur HTWK. Hier befinden sich Hörsäle, Seminarräume und Laborräume.

Alljährliches Highlight ist der beliebte alternative Weihnachtsmarkt „Weihnachten am Kreuz".

Nach nur wenigen Metern erreichen wir rechter Hand das ⑩ **Werk II.** Die ältesten Gebäude wurden 1848 als Gasmesserfabrik errichtet. Seit 1952 war es ein Betriebsteil des VEB Werkstoffprüfmaschinen. Aus dieser Zeit stammt der

Name Werk II, den es bis heute behalten hat. Nach Stilllegung 1992 begann die Umnutzung als Kulturfabrik. Sukzessive erfolgte der Ausbau als soziokulturelles Zentrum. Heute ist es Heimstatt für verschiedene Kunsthandwerker wie Keramiker und Grafiker, Sitz verschiedener Vereine und Künstlerateliers. Nicht zuletzt ist es Spielstätte der Cammerspiele. Das Werk II ist aus dem Veranstaltungskalender der Stadt nicht wegzudenken, denn in den Hallen finden zahlreiche Konzerte, Lesungen und auch Märkte statt. Außerdem befindet sich inmitten des industriellen Fabrikcharmes das beliebte Restaurant **Connstanze.**

UT Connewitz

Am verkehrsreichen Connewitzer Kreuz, zu dem wir später wieder zurückkehren werden, biegen wir leicht rechts in die **Wolfgang-Heinze-Straße** ein. Kurz vor Beginn der Straße kann man rechter Hand einen Blick auf die Paul-Gerhardt-Kirche werfen. Die Kirche im Stil der Neorenaissance ist durch weißen Wandflächen und Gliederungselemente aus rotem Porphyr geprägt. Nun geht es aber wirklich weiter in die Wolfgang-Heinze-Straße. Wen die Karli zu sehr an den Prenzlauer Berg erinnert hat, wird hier eine wahre Freude haben, denn in Connewitz schlägt das linksalternative Herz Leipzigs besonders laut. Spannende Szeneläden und Kneipen wechseln sich in der Wolfgang-Heinze-Straße ab. Und mittendrin liegt das ⑪ **UT Connewitz.** Mit dem Gründungsjahr 1912 ist es das älteste Lichtspieltheater Leipzigs und eines der ältesten in Deutschland. Der mit einem Portikus gestaltete Innenraum ist noch weitestgehend im Originalzustand erhalten. Der Filmpalast wurde nicht saniert, sondern der alte Zustand bewahrt und konserviert. Das macht das UT Connewitz zu einem ganz besonderen Ort für Filmvorführungen, Konzerte, Lesungen und sonstige Veranstaltungen.

Wir biegen von der Wolfgang-Heinze-Straße links in den **Herderplatz** ein. Neben einem der beliebtesten Spielplätze des Viertels gibt es hier zahlreiche Sitzmöglichkeiten für eine kurze Pause. Hinter dem Platz nehmen wir rechts die Biedermannstraße und gehen gleich wieder links in die Stockartstraße. Die Zeiten, als die **„Stö"** in der Boulevardpresse reißerisch als gefährlichste Straße Deutschlands galt, gehören längst der Vergangenheit an. In den Nachwendejahren entwickelte sich die Straße, in der mehrere leer stehende Häuser besetzt wurden, um sie nicht durch seelenlose Neubauten zu ersetzen, zum Mittelpunkt der autonomen Szene in Leipzig und wurde damit immer wieder zum Ziel nazistischer Angriffe.

Hinter der Stö biegen wir links in die Bornaische Straße ein. Auch hier prägen kleine Läden, Cafés und Kneipen das Bild des kunterbunten Connewitz. Die Bornaische Straße führt uns zurück zum **Connewitzer Kreuz,** das seinen Namen dem Weichbild am Kreuz verdankt. Als letztes seiner Art in Leipzig erinnert es daran, bis wohin einst die Rechtsgewalt der Stadt Leipzig reichte. Hier endet der Spaziergang, der vorbei an einer vielfältigen Kulturszene, an Cafés und Geschäften führte, die die Südvorstadt und Connewitz so einzigartig und lebendig machen.

FRAU KRAUSE

In Leipzig gibt es immer weniger typische Eckkneipen. Eine hat sich seit Jahrzehnten bis heute erhalten: Frau Krause in der Simildenstraße 8. Ihren Namen trägt sie als Reminiszenz an Hannelore Krause, die von 1953 bis 1999 hinterm Tresen stand. Die Einrichtung stammt noch aus den Anfangsjahren von Frau Krause. Auf der Karte steht bodenständiges Essen zu guten Preisen. Und nur hier bekommt man panierten Käse nach original tschechischer Art mit „geheimer Soße". Im Sommer ist auf der anderen Seite der Straße der Freisitz geöffnet. Das Essen wird in der Kneipe bestellt und dort auch nach dem Ausruf durch Megafon selbst abgeholt.

7

Start/Ziel: Rathaus Leutzsch, Georg-Schwarz-Straße 140, 04179 Leipzig
Länge: ca. 4,7 Kilometer
Dauer: ca. 1,5 Stunden
ÖPNV: Tramhaltestelle Rathaus Leutzsch
Parken: In der Hans-Driesch-Straße

UNTERWEGS ENTDECKT

1. Villa Körting
2. Villa Max Loose
3. Thor-Villa
4. Architektur von Paul Möbius
5. Villa von Bernhard Heisig
6. Mädler-Villa
7. Gaststätte Weinberggärten
8. Dietzold Werke
9. Turm der Farbe an den Druckfarbenwerken Springer & Möller
10. Fritz-Riemann-Häuser

ESSEN + TRINKEN

S1 Vinyl & Kaffee, Sattelhofstraße 1, 04179 Leipzig,
Tel. (03 41) 33 20 32 78, s1vinylkaffee.com
(Feines für Kuchen- und Plattenteller)

Gaststätte Weinberggärten, Weinbergstraße 21, 04179 Leipzig,
Tel. (03 41) 4 42 29 84, schäufeleinleipzig.de
(Klein, fein, gemütlich)

DURCH LEIPZIG-LEUTZSCH

Villen und Industriekultur

Der Stadtteil Leutzsch im Westen Leipzigs führt ein Aschenputteldasein. Aufgrund zahlreicher Industriebrachen ist er aus dem direkten Blick der Öffentlichkeit geraten. Das allerdings völlig zu Unrecht! Denn zwischen dem ehemaligen Industriegebiet, den Wohnquartieren, die mit dem industriellen Wachstum entstanden sind, dem alten Ortskern, der einen fast dörflichen Charakter verströmt, und dem imposanten Villenviertel ganz in der Nähe des Auwaldes entdeckt man auf einem Spaziergang zahlreiche architektonische Perlen und erfährt ganz nebenbei interessante Details zur Geschichte.

Leutzscher Rathaus

Einen Rundgang beginnt man am besten an der Straßenbahnhaltestelle am **Leutzscher Rathaus.** Der Bau wurde 1904 vollendet – zu einer Zeit, als Leutzsch noch eine eigenständige Gemeinde war. Seine Größe zeugt vom damaligen Reichtum, den man nicht zuletzt den zahlreichen Industrieansiedlungen zu verdanken hatte. Der historistische Bau wurde unter Verwendung von unterschiedlichen Neo-Stilen von Paul Rudert entworfen. Besonders markant und weithin sichtbar ist der Eckturm mit Elementen der Renaissance. Über dem Eingang mit dem Sitznischenportal prangt das Wappen der Herren zu Leutzsch – eine Linde mit Wurzeln und einer Krone sowie zwei fünfblättrige Rosen. Die Herren von Leutzsch besaßen hier seit dem 11. Jahrhundert ein Rittergut. Nachdem die einstige Burg im Dreißigjährigen Krieg niederbrannte und auch das danach errichtete Herrenhaus die Zeit nicht überlebte, erinnert heute nur noch der direkt an das Rathaus anschließende **Park am Wasserschloss** an die Namensgeber des Stadtteils.

Wir biegen direkt hinter dem Rathaus rechter Hand in die Hans-Driesch-Straße ein. Zur rechten Seite liegt der

7 DURCH LEIPZIG-LEUTZSCH

Villa Körting

Villa Loose

Villa Queck

Park am Wasserschloss. Auf der anderen Straßenseite fällt der Blick auf die **St. Laurentiuskirche.** Schon im 11. Jahrhundert war hier ein Kirchenbau verzeichnet. Auch wenn es im Laufe der Jahrhunderte mehrere Umbauten gab, hat sich das Gotteshaus immer seinen dörflichen Charme bewahrt, ebenso wie die direkt gegenüberliegenden Häuser Am Tanzplan. Hier schlug das Herz des Ortes, der ursprünglich als Runddorf angelegt wurde.

Nun sind es nur noch wenige Schritte zum **Villenviertel,** das sich zwischen Rathenaustraße und Otto-Schmiedt-Straße erstreckt. In Leutzsch gab es ab dem späten 19.Jahrhundert nicht nur zahlreiche Industrieansiedlungen, auch der Villenbau florierte. Die Nähe zum Auwald erfreute sich großer Beliebtheit. Firmenbesitzer und auch Kaufleute, Künstler und Honoratioren der Stadt ließen sich von namhaften Architekten repräsentative Villen im Grünen errichten. So unterschiedlich wie die Bewohner sind auch die Baustile. Historismus, Jugendstil, Art déco, Heimatstil bis hin zu einer Villa im Burgenstil mit Turm und Zinnen für die Arztfamilie Hahn sind vertreten. Bei der Villenerkundung werden wir zahlreiche Kleinode entdecken, die einen Blick über den Gartenzaum lohnen. Hier geraten wir unweigerlich ins Schwärmen. Am besten eignen sich für diesen Spaziergang daher die Jahreszeiten, an denen die blätterlosen Bäume den Blick auf die Villen freigeben.

Wir biegen von der Hans-Driesch-Straße in die Rathenaustraße ein. An der Hausnummer 22–24 fallen die leuchtend rote Klinkerfassade und der Holzgiebel der 1 **Villa Körting** im Landhausstil ins Auge. Sie wurde für Max Körting erbaut, Mitbegründer der Firma Körting & Mathiesen. Die unter dem Namen KANDEM vertriebenen Bogenlampen der Firma waren ein weltweiter Verkaufsschlager.

Paul Möbius gilt als der wichtigste Vertreter des Jugendstils in Leipzig. Er schuf zahlreiche Villen und Mehrfamilienhäuser.

Wenige Meter weiter stehen zwei **Villen,** die Paul Möbius entworfen hat. Seine Bauten zeichnen sich durch einen charakteristischen Stil aus, der fast ein wenig an die Architektur von Henry van de Velde erinnert. Für den gefragten Porträtmaler Walter Queck baute er in der Laurentiusstraße 1 eine Vil-

Thor-Villa

la, die gegenüber den großen Anwesen der Nachbarschaft recht klein und zurückhaltend wirkt, aber trotzdem einen Blick lohnt. Schräg gegenüber, in der Rathenaustraße 34, entwarf Möbius 1901/02 für den Landschaftsmaler Max **Loose** eine 2 **Villa,** die durch Bandprofile eine klare Struktur erhält.

Wir folgen weiter der Rathenaustraße. An der Hausnummer 40 beeindruckt rechter Hand der Bau der 3 **Thor-Villa.** Die fast schlossartig anmutende Villa wurde 1897–1899 für den Pelzhändler Theodor Curt Thorer errichtet. Er war der Sohn von Theodor Thorer, der eine der führenden Rauchwarenfirmen Europas besaß.

In der Rathenaustraße 23 werfen wir einen Blick auf eine Villa im Fachwerkstil. Hier wohnte ab den 1930er-Jahren der Leipziger Oberbürgermeister **Carl Friedrich Goerdeler.** Wer den Spaziergang an einem Sonntag unternimmt, dem sei hier noch eine Verlängerung des Weges empfohlen. Am Ende der Rathenaustraße führt eine Unterführung unter den Bahngleisen zum Auwald. Die pittoreske **Villa Hasenholz** lädt an den Sommertagen in ihrem weitläufigen Garten zu Speis und Trank, und an manchen Tagen untermalt Livemusik die einmalige Stimmung.

Ansonsten drehen wir hier um und schlendern, wieder am Verwaltungsgericht vorbei, die Rathenaustraße zurück, bis wir halb links in die **Paul-Michael-Straße** einbiegen. Diese trug früher den Namen Thorerstraße – die bereits genannte Pelzhändlerfamilie besaß zahlreiche Anwesen in Leipzig, und in dieser Straße war kaum ein Haus nicht durch eines der Familienmitglieder bewohnt. Da wundert es auch wenig, dass die Straße einst Privatstraße war, die abends abgesperrt wurde.

Architektur von Paul Möbius

Von beeindruckender Größe ist das **Auwaldschlösschen** mit der Hausnummer 12/14. Es begeistert mit einer Mischung aus englischem Landhausstil und Art-déco-Elementen. Eine der wenigen Villen in dieser Straße, die nicht für die Familie Thorer gebaut wurde, ist die Nummer 6. Sie wurde 1903/04 für den Rüschenfabrikanten Fritz Görke erbaut. Später ging sie an die Familie des Erdglobenproduzenten Räth über. Sie ist ein herausragendes Beispiel für die 4 **Architektur von Paul Möbius.** Die Villa gilt als die bedeutendste Leistung des Baumeisters, ein fast monumentaler Bau, der mit seiner Formensprache begeistert.

Villa von Bernhard Heisig

Am Ende der Paul-Michael-Straße führt uns der Weg links in die Hans-Driesch-Straße, der wir bis **Zum Harfenacker** folgen. Hier biegen wir abermals links ab. Einen überraschenden Anblick bietet das Haus Nummer 6, denn während ein Großteil der Leutzscher Villen um 1900 entstand, steht hier leicht zurückgesetzt ein moderner Flachbau aus rotem Klinker mit einer riesigen Fensterfront. Das

Atelierhaus, das in den Jahren 1977–1979 errichtet wurde, war die 5 **Villa von Bernhard Heisig,** einem bedeutenden Vertreter der DDR-Kunst. Er lebte hier bis zum Jahr 1992.

Auch Gewandhauskapellmeister Kurt Masur lebte in Leutzsch – in der Hellerstraße 40. Er ließ am Haus einen kleinen Konzertsaal anbauen.

Über die Schützstraße führt unser Weg beschwingt rechts in die **Otto-Schmiedt-Straße,** denn hier liegt Musik in der Luft. So wohnte im Haus Nummer 20 Hans Sandig. Er leitete den Rundfunkkinderchor Leipzig (heute MDR-Kinderchor) und arbeitete als Komponist. Aus seiner Feder stammt unter anderem „Die Abenteuer der kleinen Trompete“. Die Platte war in zahlreichen Kinderzimmern zu finden. Nur wenige Häuser weiter im Haus Nummer 26 wohnte Franz Konwitschniy, der international gefragte Dirigent und Gewandhauskapellmeister, der das Orchester von 1949 bis 1961 leitete.

Die Mädler-Passage in der Innenstadt, die 1912–1914 errichtet wurde, hält den Namen des Fabrikanten bis heute lebendig.

Wieder zurück an der Hans-Driesch-Straße, lohnt ein kleiner Abstecher Richtung Auwald. Im Haus Nummer 2 ließ sich Kofferfabrikant Anton Mädler vom renommierten Architekten Julius Zeißig eine historistische Villa mit Jugendstilelementen errichten. Bei zahlreichen Veranstaltungen ist die 6 **Mädler-Villa** öffentlich zugänglich, und im ehemaligen Kutscherhaus kann man übernachten.

Wir verlassen nun das Villenviertel. Die Straße Am Wasserschloß, in die wir links einbiegen, führt uns noch einmal am Park vorbei. Danach geht es über die Weinbergstraße links in die Georg-Schwarz-Straße, um gleich wieder rechts

KANZLERPORTRÄT

1986, in einer Zeit, als es um die deutsch-deutsche Beziehung nicht zum Besten stand, beauftragte Helmut Schmidt für sein Kanzlerporträt ausgerechnet den ostdeutschen Künstler Bernhard Heisig. Sein Stil, der dem Expressionismus nah war, beeindruckte Schmidt. Als Helmut und Loki Schmidt für zwei Sitzungen in Heisigs Atelier waren, wurde das gesamte Gebiet abgesperrt. In den Nachrichten der DDR schwieg man über den prominenten Gast, das erfuhren die Bewohner erst später aus der Tagesschau.

Mädler-Villa

Weinberggärten

in die Straße Am langen Felde einzubiegen. Unser Ziel ist das einstige **Industriegebiet** von Leutzsch. Auf dem Weg dorthin erhascht man noch den einen oder anderen Blick auf sehenswerte Villen und Wohnhäuser. So hat Paul Möbius auch in der Straße Am langen Felde seine Spuren hinterlassen. Haus Nummer 7 wurde 1901/02 für den Internisten Paul Buchheim erbaut.

Ein Großteil des Spaziergangs liegt nun hinter uns, Zeit für eine kleine Rast. Dafür bietet sich die 7 **Gaststätte Weinberggärten** in der Kleingartenanlage an, durch die uns der Weg nun führt. Bei schönem Wetter genießt man

Dietzold Werke

die entspannte Biergartenatmosphäre bei fränkischem Bier und bodenständigem Essen.

Frisch gestärkt führt der Weg weiter ins Industrieviertel zu den einst weltbekannten Fabriken, in denen Klaviere, Lampen, Farben, Maschinen jeglicher Art produziert wurden. Bis Anfang der 1990er-Jahre rauchten hier die Schornsteine und lärmten die Maschinen. Auch wenn ein Großteil der Fabrikanlagen mittlerweile abgerissen wurde, bekommt man immer noch einen guten Eindruck davon, wie es hier einmal ausgesehen hat. An den noch existierenden Gebäuden hat der lange Leerstand unweigerlich seine Spuren hinterlassen. Aber in einige Fabriken zieht neues Leben ein. Zahlreiche **Künstlerateliers** prägen das Gebiet und hauchen ihm wieder Leben ein.

Unser Weg führt über die Sattelhof- in die **Franz-Flemming-Straße.** Im Haus Nummer 9 wurde für den Metall- und Drahtfabrikanten Artur Dietzold (übrigens ein Schwiegersohn des Pelzhändlers Thorer, der uns schon mehrfach auf dem Weg begegnet ist) vom Architekten Emil Franz Hänsel ein beeindruckender Industriebau errichtet. In den ehemaligen 8 **Dietzold Werken** ist mittlerweile die Pilotenküche beheimatet, eine Begegnungsstätte für zeitge-

Springer & Möller mit Turm der Farbe

nössische Künstler. Sie bietet mit dem Residence Program nicht nur Atelierräume, sondern auch Ausstellungsfläche für internationale Künstler. Ebenfalls im Haus befindet sich mit dem **Westside** eine zweite Dependance der Galerie Kleindienst. Nur wenige Meter weiter, in Haus Nummer 15, steht das ehemalige Verwaltungsgebäude der **Druckfarbenwerke Springer & Möller.** Auch hier entstanden Künstlerateliers. Beiden Gebäuden gemeinsam ist, dass sie behutsam instand gesetzt werden und der industrielle Charakter der Gebäude erhalten wird.

Fritz-Riemann-Häuser

Über die Hans-Driesch-Straße führt der Weg zurück zum Ausgangspunkt – das Rathaus ist schon in Sichtweite. Linker Hand laufen wir an den alten Fabrikhallen der Druckfarbenwerke entlang. Besonders prägnant ist der 9 **Turm der Farbe,** der in seiner ursprünglichen Farbigkeit erstrahlt. Mit 32,5 Metern Höhe ist der 1925/26 im Art-déco-Stil errichtete Turm weithin sichtbar. Er diente der Firma als Wasserspender.

Art-déco-Ornamentik kennzeichnet auch die nach ihrem Architekten benannten 10 **Fritz-Riemann-Häuser** in der Hans-Driesch-Straße 45–51. Die Wohnanlage mit dem grünen Innenhof wurde 1928–1930 für die Baugenossenschaft für Reichsfinanzbeamten errichtet, für die Riemann auch noch in Gohlis, Connewitz und Eutritzsch Wohnanlagen errichtete. Riemann galt als einer der wichtigsten Städtebauer der 1920er-Jahre in Leipzig.

Zurück am Rathaus Leutzsch, können wir bei einer Tasse Kaffee im **S1 Vinyl & Kaffee** den Rundgang Revue passieren lassen, bevor wir wieder in die Straßenbahn einsteigen, die uns in wenigen Minuten in die Innenstadt bringt.

8

Start: Haltestelle am Triftweg, 04277 Leipzig
Ziel: Russische Gedächtniskirche, Philipp-Rosenthal-Straße 51 a, 04103 Leipzig
Länge: ca. 6,9 Kilometer
Dauer: ca. 2,5 Stunden
ÖPNV: Start: Tram- und Bushaltestelle Triftweg;
Ziel: Tram- und Bushaltestelle Deutsche Nationalbibliothek
Parken: Rund um die Haltestelle Triftweg

UNTERWEGS ENTDECKT

1. Gartenstadt Marienbrunn
2. Napoleonstein
3. Südfriedhof
4. Klangberg
5. Völkerschlachtdenkmal
6. Apelsteine
7. Altes Messegelände
8. Russische Gedächtniskirche

ESSEN + TRINKEN

Café Surtido, Triftweg 1, 04277 Leipzig,
Tel. (03 41) 25 24 85 16, surtido.de
(Internationale Konditoren-Köstlichkeiten)

Brauhaus Napoleon, Prager Straße 233, 04289 Leipzig,
Tel. (03 41) 2 46 76 76, brauhaus-leipzig.com
(Große Braustube mit Biergarten)

Schnittstelle 1845, Gerhard-Langner-Weg 1, 04299 Leipzig,
Tel. (01 78) 4 48 57 97, schnittstelle1845.de
(Gaststätte mitten im Grünen)

RUND UM PROBSTHEIDA

Auf den Spuren von 1913

Der Spaziergang ist eine kleine Zeitreise und führt uns zurück ins Jahr 1913. Es sollte ein ereignisreiches Jahr werden, denn die Völkerschlacht jährte sich zum 100. Mal, und Leipzig war gleichzeitig Austragungsort der Internationalen Baufachausstellung. Beiden Veranstaltungen ging eine große Bautätigkeit voran, deren Ergebnisse auch heute noch den Südosten der Stadt prägen. Der Weg führt uns über die Gartenstadt Marienbrunn und das Völkerschlachtdenkmal bis zur Russischen Kirche.

Ausgangspunkt des Spaziergangs ist die Haltestelle am Triftweg. Direkt gegenüber kann man sich im einladenden **Café Surtido** noch einmal bei einem lecken Stückchen Kuchen stärken oder direkt nebenan bei 034E1S ein Eis für den Weg mitnehmen.

Wir biegen in die Liebfrauenstraße ein, wählen am Konrad-Hagen-Platz die rechte Straße und folgen dem Turmweg bis zum **Arminiushof.** Der parkähnlich gestaltete Platz verdankt seinen Namen nicht dem Cheruskerfürsten aus der Varusschlacht, sondern Adelheid Gräfin Poninska, einer Sozialreformerin und Stadtplanerin, die 1874 unter dem Pseudonym Arminius das Werk „Die Großstädte in ihrer Wohnungsnot und die Grundlagen einer durchgreifenden Abhilfe" veröffentlichte. Hier befinden wir uns bereits mitten im Zentrum der 1 **Gartenstadt Marienbrunn.** Sie liegt zwischen Tabaksmühle, Zwickauer Straße und Triftweg. Das heute unter Denkmalschutz stehende Gebiet entstand 1913 nach dem Vorbild englischer Gartenstädte. Wie zahlreiche andere Städte litt auch Leipzig zu Beginn des 20. Jahrhunderts aufgrund des raschen Bevölkerungswachstums unter großer Wohnungsnot. Es mangelte besonders an kostengünstigen Arbeiterwohnungen. Ebenezer Howard entwickelte in England ein Modell der Kleinsiedlung, das einen Gegenpol zu den oft schlechten Lebensbedingungen in der Stadt liefern sollte. Seine Gar-

Marienbrunn

tenstädte verbanden städtische Lebensweise mit Naturnähe. Solch eine Kleinsiedlung wollte man in Leipzig auch umsetzen.

Durch die Einbindung des Projekts in die 1913 stattfindende Internationale Baufachausstellung konnte man den Bau in einer rekordverdächtigen Zeit zwischen dem 17. August 1912 und dem 1. April 1913 realisieren. Es entstanden 24 Mehr- und 48 Einfamilienhäuser mit Gärten zur Selbstversorgung. Noch heute beeindruckt das geschlossene und harmonische Gesamtbild der **cremefarbenen Häuschen** mit den grünen Fensterläden und den Spalierhölzern für die Fassadenbegrünung. Eine besonders schöne Farbkombination ergibt sich, wenn auf den Fensterbänken rote Geranien um

Die erste deutsche Gartenstadt entstand in 1907 Dresden-Hellerau.

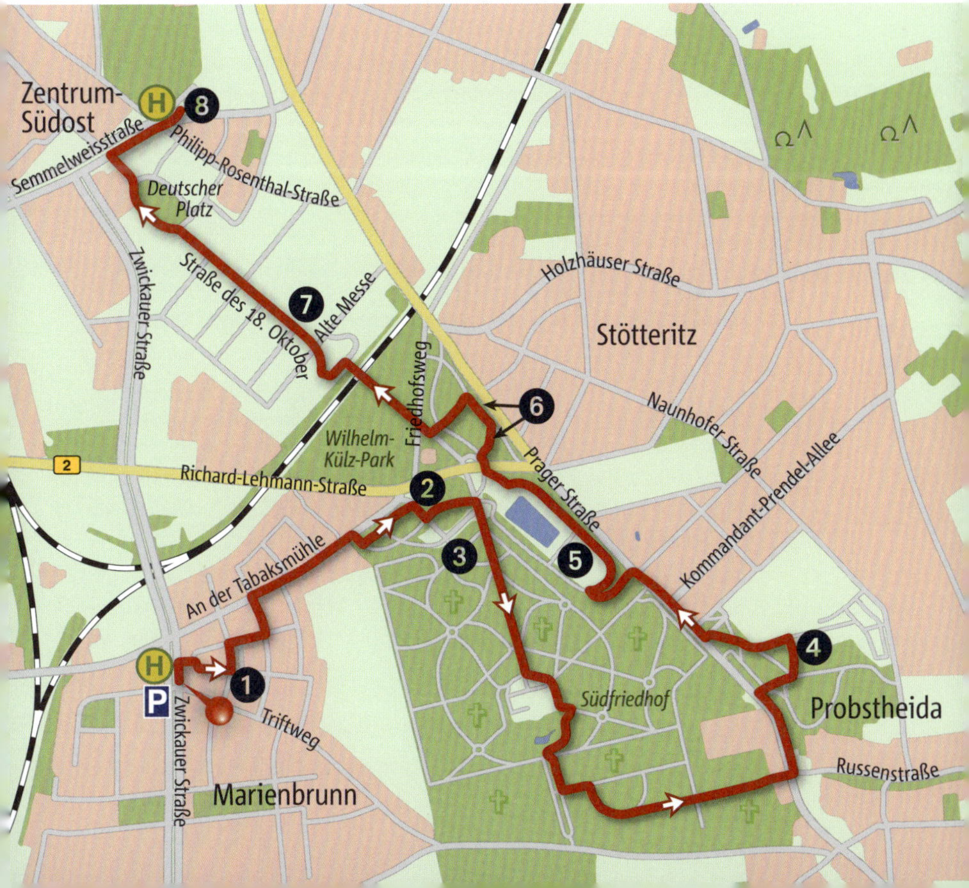

die Wette leuchten. Beim Flanieren durch die kleinen Straßen kann man sich an den charmanten Häusern und den hübsch bepflanzten Vorgärten erfreuen.

Wir biegen links in den Arminiushof ein und dann rechts in den **Denkmalsblick.** Wie der Name schon verrät, hat man hier einen besonders schönen Blick auf das Völkerschlachtdenkmal. Unser Weg durch das Viertel führt weiter links in die Straße Am Bogen, um dann rechts in **An der Tabaksmühle** einzubiegen. Nach wenigen Metern erreichen wir rechts einen kleinen Park und wählen an der Weggabelung den linken Weg hinab in die kleine Senke. Umrahmt von Steinen, befindet sich hier die einstige **Marienquelle** (auch Marienbrunnen genannt), die namensgebend für die Gartenstadt war. Die Quelle selbst versiegte Anfang des 20. Jahrhunderts. Wie eine Sage berichtet, soll hier 1441 nach dem Gebet einer Pilgerin namens Maria eine Quelle entsprungen sein, mit der sie Aussätzige aus dem Johannishospital heilte. Danach soll die Pilgerin auf einem weißen Reh fortgeritten sein. Zur Erinnerung steht am Ort der einstigen Quelle ein weißes Reh.

DIE VÖLKERSCHLACHT BEI LEIPZIG IM OKTOBER 1813

Rund um Leipzig standen sich im Oktober 1813 mehr als eine halbe Million Soldaten aus fast allen europäischen Völkern gegenüber. Damit war es die bis dato größte Schlacht, aber auch eine der blutigsten, verlor doch nahezu jeder fünfte Soldat sein Leben oder wurde im Kampf verletzt. Bei der Schlacht, die als die Völkerschlacht bei Leipzig in die Geschichtsbücher eingehen sollte, ging es um nichts Geringeres als die Vorherrschaft in Europa. Auf der einen Seite: die verbündeten Monarchen von Russland, Österreich, Preußen sowie der Kronprinz von Schweden. Auf der anderen: Napoleon und seine Verbündeten, unter ihnen der sächsische König Friedrich August I. Die Völkerschlacht gilt als die letzte Königsschlacht, bei der die Monarchen noch selbst auf dem Feld standen und Befehle erteilten. Napoleon hatte schon im Russlandfeldzug 1812 den Nimbus des Unbesiegbaren eingebüßt. Mit der Schlacht am 18. Oktober in Probstheida begann sein Untergang, der 1815 bei Waterloo endgültig besiegelt wurde.

Wir folgen dem Weg und queren den Friedhofsweg. Bis 1813 stand hier die **Quandtsche Tabaksmühle,** in der Stötteritzer Tabak zu Schnupftabak verarbeitet wurde. An dieser Stelle hatte Napoleon seinen letzten Gefechtsstand; am 18.10.1813 gegen 16 Uhr erteilte er hier den Rückzugsbefehl. Er soll danach auf einem Feldstuhl an der Mühle eingeschlafen sein und erst gegen Abend den Gefechtsstand verlassen haben. Die Mühle ist den weiteren Kampfhandlungen zum Opfer gefallen und abgebrannt. Schon 1832 wurde auf dem kleinen Hügel ein einfacher und unbeschrifteter Sandstein zur Erinnerung an Napoleon aufgestellt. Das Denkmal in seiner heutigen Form wurde 1857 eingeweiht. Der ❷ **Napoleonstein** besteht aus einem roten Granitquader, der mit Nachbildungen von Napoleons Hut und Fernrohr geschmückt ist.

Napoleonstein

Wir verlassen den Hügel und folgen dem Friedhofsweg Richtung ❸ **Südfriedhof,** dem größten Friedhof Leipzigs. In vielem gleicht er mehr einer Parkanlage als einem Friedhof, kein Wunder, dass er als einer der schönsten Parkfriedhöfe Deutschlands gilt. Er bietet ausreichend Platz, für Trauernde ebenso wie für Spaziergänger, Naturfreunde, Historiker oder Kulturbegeisterte. Gestaltet wurde er vom Stadtbaurat und Architekten Hugo Licht und dem Gartendirektor Otto Wittenberg. Die Wegeführung wurde so gestaltet, dass sie ein **Lindenblatt** nachbildet. Es nimmt Bezug auf den slawischen Ursprungsnamen Leipzigs, Lipsk, was so viel bedeutet wie „Ort, an dem die Linden wachsen“. Architektonischer Blickfang ist das 1907–1909 erbaute **Krematorium** im Stil der Neoromanik mit seinen Kapellen und dem weithin sichtbaren Glockenturm. Auf dem weitläufigen Friedhof finden sich unzählige Gräber bedeutender Persön-

Südfriedhof

In unregelmäßigen Abständen werden kulturhistorische Spaziergänge über den Südfriedhof oder auch spezielle Pflanzenexkursionen angeboten.

lichkeiten, wie das von Kurt Masur, der Verlegerfamilie Baedeker oder auch von Wolfgang Mattheuer. Der Südfriedhof beeindruckt mit künstlerisch gestalteten Grabflächen, aber auch einer enormen Pflanzenvielfalt. Begleitet vom Zwitschern der Vögel, kann man die zahlreichen Eichhörnchen beobachten, die in den Bäumen umherklettern. Eine ganz besondere Pracht entfaltet sich im Mai, wenn die über 9000 Rhododendren in voller Blüte stehen, oder auch im Herbst, wenn die Bäume im Licht der Herbstsonne magisch leuchten. Mit jeder Jahreszeit ändert sich das Gesicht des Friedhofs.

Wir durchqueren den Südfriedhof und verlassen ihn am Ausgang Harnischstraße Richtung **Prager Straße.** Wer möchte, kann im **Brauhaus Napoleon** eine kleine Pause einlegen, das schon in Sichtweite liegt. Die Geschichte des Gasthofs reicht bis ins Jahr 1624 zurück. An der wichtigen Handelsstraße gelegen, bot er Reisenden und Fuhrleuten Rast. Im Oktober 1813 wurde der Gasthof zum Stabsquartier der Garde-Grenadiere Napoleons. Am 18. Oktober trafen sich hier Napoleon und sein Schwager Joachim Murat im Garten des schon brennenden Hauses, um über den Rückzug der französischen Truppen zu entscheiden. Schon 1814 wurde der zerstörte Gasthof wiederaufgebaut. 1913 war er mit seinen 1500 Plätzen der größte Biergarten Leipzigs. Heute kann man im gemütlichen Ambiente selbst gebrautes Bier und deftige Gerichte aus der Brauhausküche genießen.

Klangberg

Frisch gestärkt geht es weiter auf der Prager Straße stadteinwärts zum 4 **Klangberg** an der Etzoldschen Sandgrube, die sich in direkter Nähe zum Brauhaus befindet. Die Etzoldsche Sandgrube entstand mit dem Bau des Völkerschlachtdenkmals. Aus ihr wurde der für die 120.000 Kubikmeter Beton benötigte Sand gewonnen. Bald nach dem Bau kam die Grube zum Erliegen. Übrig blieb nur ein über 10 Meter tiefes Loch in der Erde. Heute befindet sich auf dem Gelände ein idyllischer, wenn auch wenig bekannter Park mit einer hügelartigen Erhebung – dem Klangberg. Wie wurde aber aus der Grube ein Berg? Lange Zeit wurde über die Entstehung der Mantel des Schweigens gehüllt, denn der Hintergrund war ein Tabu: Hier lagern die Trümmer der Universitätskirche St. Pauli, die 1968 willkürlich gesprengt wurde. Obwohl sie unversehrt war, musste sie den Bebauungsplänen in der Innenstadt weichen. Für die Ablage der Trümmer fand man in der **Etzoldschen Sandgrube** eine geeignete Stelle. Die Fahrt der Trümmer zur Sandgrube wurde streng überwacht und die Grube abgesperrt. Auch restliche Trümmer der teilzerstörten Bauten der Universität und weiterer Bauschutt wurden hierhergebracht. Zu den letzten Trümmern, die hier abgelagert wurden, zählte 1978 die baufällige Reudnitzer Markuskirche. In den 1980er-Jahren wurde das Gelände zu einem Park mit Spielplatz umgestaltet. Der entstandene Hügel bekam einen Aussichtspunkt mit Richtungsstein. 2011 errichtete die Stadt auf dem Hügel einen Gedenkort. In einem abgesenkten Oval erinnert eine **Klanginstallation** des Künstlers Erwin Stache akustisch an den Kirchenabriss. Eingelassene Schieferplatten werden beim Begehen sensitiv gesteuert und erzeugen verschiedene Geräusche. Wer aufmerksam hinhört, erkennt Orgelpfeifen, Trittgeräusche und Stimmen. Das plötzliche Verstummen deutet auf die Zerstörung der Kirche.

Die Klanginstallation ertönt vom 1. April bis 31. Oktober. Sie gab dem Hügel den Beinamen Klangberg.

Durch eine Sichtachse ergibt sich außerdem ein wundervoller Blick auf das nahe ⑤ **Völkerschlachtdenkmal –** unser nächstes Ziel. Der Weg dorthin führt durch den Park zurück auf die Prager Straße. Wir laufen vorbei am Südfriedhof und biegen hinter der Blumenhalle links zum Denkmal ein. Das Völki, wie die Leipziger es liebevoll nennen, ist nicht nur die bekannteste Sehenswürdigkeit der Stadt, der immer wieder gern ein Besuch abgestattet wird, sondern auch das größte Denkmal Deutschlands. Immerhin hat der Koloss aus Granitporphyr und Beton eine Höhe von 91 Metern. Seine markante Silhouette, die von fern fast an eine Pyramide erinnert, ist weithin sichtbar. Wir erreichen das Völkerschlachtdenkmal von der Hinterseite und laufen auf dem erhöht liegenden, von Bäumen gesäumten Weg zur Vorderseite.

Der Weg zum Bau des Völkerschlachtdenkmals war lang. Schon 1814 regte der Dichter Ernst Moritz Arndt, der selbst am Kampf beteiligt war, an, ein Denkmal zu Ehren der

Völkerschlachtdenkmal

Gefallenen zu errichten. Nach seinen Vorstellungen sollte es „groß und herrlich ... wie ein Koloss, eine Pyramide, ein Dom zu Köln“ sein. 1816 stellte Karl Friedrich Schinkel einen Plan für einen „Nationaldom der Deutschen“ vor, allerdings fand diese Idee im in Kleinststaaten zersplitterten Deutschland kaum Zuspruch. Auch hatte ein Jahr zuvor der sächsische König alle Erinnerungsfeiern verboten, was den Bau eines Denkmals nahezu unmöglich werden ließ. 1863 legte der neu ins Leben gerufene Städtetag feierlich einen Grundstein für ein gemeinsames Denkmal, der in den späteren Bau integriert wurde. Als Platz wählte man die Stelle, an der die heftigsten Kämpfe stattgefunden haben. Allerdings fehlte das Geld für ein Denkmal. Es brauchte noch einmal 31 Jahre, bis der Leipziger Architekt Clemens Thieme den „Deutschen Patriotenbund zur Errichtung eines Völkerschlacht-Nationaldenkmals“ gründete. Sein Ziel war es,

8 RUND UM PROBSTHEIDA

Apelstein

Gelder für den Bau aufzubringen. Der Verein schrieb außerdem einen Wettbewerb aus. Allerdings konnte keiner der eingereichten Entwürfe gänzlich überzeugen. Thieme verpflichtete daraufhin Bruno Schmitz, der sich als Architekt des Kyffhäuserdenkmals einen Namen gemacht hatte. Am 18. Oktober 1898 konnte der Bau endlich beginnen. 15 Jahre später wurde das Denkmal mit einer großen Zeremonie, deren Ehrengast Kaiser Wilhelm II. war, eingeweiht. Entstanden ist ein archaisch anmutender Bau, der oft auch als ideologisch aufgeheizter Ort genutzt wurde. Umso schöner zu sehen, dass die Stadtbevölkerung das Denkmal zurückerobert hat. Heute stehen Familienausflüge im Vordergrund, und die wallähnlichen Hügel sind im Winter beliebte Rodelstrecken für die Kleinsten.

Nicht nur von außen beeindruckt das **Völki** durch seine schiere Größe. Im Inneren besteht es aus einer rittergeschmückten Krypta, der Ruhmeshalle und der 68 Meter hohen Reiterkuppel. Ein wahrlich imposantes Gebäude. Und wer die über 500 Stufen über teilweise sehr enge Treppen erklommen oder auch als Abkürzung einen Teil des Wegs mit dem Fahrstuhl zurückgelegt hat, wird auf der Aussichtsplattform mit einem phänomenalen Panoramablick über die Stadt belohnt. Im Völkerschlachtdenkmal befindet sich außerdem das **Museum FORUM 1813.** Es gehört zum Stadtgeschichtlichen Museum Leipzigs und bietet Einblicke und Hintergrundinformationen zur Völkerschlacht.

Kreis'scher Kuppelbau

Wir lassen das trubelige Denkmal hinter uns und laufen weiter zum **Wilhelm-Külz-Park.** Im Park kann man nicht nur die Ruhe genießen, sondern auch zwei **6** **Apelsteine** entdecken. Sie künden von den Kämpfen der Völkerschlacht und zeigen, welche Truppenteile wo stationiert waren. Hier stehen die Stelen mit den Nummern

42 und 45. Auf den Wegen in und um Leipzig findet man 50 der viereckigen Säulen aus Sandstein. Auf der dem Schlachtfeld zugewandten Seite zeigt die Inschrift den Namen und das Datum des jeweiligen Gefechts, und auf der anderen Seite finden sich die Namen der Heerführer sowie Truppenbezeichnung und -stärke. Schon an der Ausführung erkennt man, wer hier gekämpft hat: Abgerundeter Kopf mit Großbuchstabe „N“ und ungerade Zahl symbolisieren die Standorte der napoleonischen Armee, die am oberen Ende pyramidenförmigen Steine, Großbuchstabe „V“ und gerade Zahl stehen für Standorte der Verbündeten. Die Gedenksteine tragen den Namen des Leipziger Schriftstellers Dr. Theodor Apel (1811–1867), der zwischen 1861 und 1864 auf eigene Kosten die ersten 44 Stelen errichten ließ. Die restlichen wurden durch finanzielle Unterstützung von Privatpersonen, Vereinen und Stiftungen realisiert.

Sowjetischer Pavillon

Über die Straße des 18. Oktober führt uns der Weg weiter zur 7 **Alten Messe.** 1913 fand hier die Internationale Bauausstellung statt. Eigens dafür wurde der **Kreis'sche Kuppelbau** errichtet. Die Betonhalle von Wilhelm Kreis sollte die Leistungsfähigkeit des Stahlbetonbaus präsentieren. Eindrucksvoll gelang dies mit einer Kuppel von 32 Meter Durchmesser, die eine 28 Meter hohe Halle überspannt. Die Außengestaltung erinnert an das römische Pantheon. Von 1920 bis 1991 war das Gelände Austragungsort der Technischen Messe. In dieser Zeit wurde die Betonhalle als Messehalle genutzt, und zahlreiche weitere Hallen kamen hinzu, etwa die Messehalle 11 aus dem Jahr 1924 mit ihrer auffälligen Klinkerfassade – heute befindet sich hier der HIT-Supermarkt – oder auch der spektakuläre **sowjetische Pavillon,** der 1923/24 erbaut wurde. Weithin sichtbar ist der markante goldene Turm mit dem roten Stern. Aktuell ist es der Sitz des Stadtarchivs.

Wir folgen der Straße des 18. Oktober bis zum **Deutschen Platz.** Er ist geprägt von den Gebäuden der Deutschen Nationalbibliothek auf der einen Seite und den Bauten der Universität, der Bio City und des Max-Planck-Institutes für evolutionäre Anthropologie auf der anderen. Am Ende des Platzes sehen wir schon das Ziel unseres Spazierganges – den auffälligen Bau der 9 **Russischen Gedächtniskirche.**

Das 100-jährige Jubiläum der Völkerschlacht warf auch in Russland seine Schatten voraus. Von den Plänen zum Bau eines Völkerschlachtdenkmals fühlte man sich nur unzureichend repräsentiert. Um die Truppen von Zar Alexander I. und vor allem auch die russischen Gefallenen zu ehren, nahm unter Vorsitz des Großfürsten Michael Alexandrowitsch 1910 ein Baukomitee seine Arbeit auf. Unweit des entstehenden Völkerschlachtdenkmals sollte eine **Gedächtniskirche** an den gemeinsamen Kampf gegen Napoleon erinnern. Als Architekt für die 1913 geweihte Kirche verpflichtete man den für seine Sakralbauten berühmten Wladimir Alexandrowitsch Pokrowski. Er baute sie im sogenannten Nowgoroder Stil mit einem 16-seitigen Zeltdach. Vorbild war die Moskauer Auferstehungskirche aus dem Jahr 1532, bei der dieser Stil zum ersten Mal umgesetzt wurde. Das beeindruckende Gebäude besteht aus einer Winter- und einer Oberkirche. Der prägnante weiße Bau ist mit zahlreichen Verzierungen versehen. Der 55 Meter hohe Turm ist gekrönt von einer goldenen Zwiebelkuppel, die im Sonnenlicht über Leipzig erstrahlt. Heute versammelt sich in der Kirche die orthodoxe Gemeinde Leipzigs, aber sie steht auch Besuchern offen. Besonders beeindruckend ist die 18 Meter hohe **Ikonenwand** zur Erinnerung an die Völkerschlacht. Sie ist die einzige Ikonenmalerei in Deutschland, die in der traditionellen russischen Ikonographie im byzantinischen Stil ausgeführt wurde.

Hier endet unser Spaziergang, der zeigt, wie sich ein weitgehend unbebautes Stück Leipzig innerhalb nur eines Jahres verändert hat und noch bis in die heutige Zeit ausstrahlt.

Russische Gedächtniskirche

9

Start/Ziel: Bahnhof Plagwitz, Engertstraße 36, 04229 Leipzig
Länge: ca. 6,1 Kilometer
Dauer: ca. 2 Stunden
ÖPNV: Tram- und Bushaltestelle Plagwitz, Bahnhof Leipzig-Plagwitz
Parken: Rund um den Plagwitzer Bahnhof

UNTERWEGS ENTDECKT

1 Spinnerei
2 Niemeyer Sphere an den Kirow-Werken
3 Kunstkraftwerk
4 Tapetenwerk
5 Henriettenpark
6 Philippuskirche
7 Westwerk
8 Karl-Heine-Straße
9 Felsenkeller
10 Stadtteilpark Plagwitz
11 Konsumzentrale
12 Firmengebäude ehemals Gebrüder Brehmer
12 Bahnhof Plagwitz

ESSEN + TRINKEN

Salz – Bistro & Garten, Spinnereistraße 7Halle 24, 04179 Leipzig, Tel. (01 63) 7 26 07 94, das-salz.com

Bi Ba Bo, Engertstraße 36, 04229 Leipzig, Tel. (03 41) 4 77 33 50, bibabo.de (Billard, Bar, Bistro)

Zahlreiche Restaurants entlang der Karl-Heine- und der Zschocherschen Straße

SPAZIERGANG DURCH PLAGWITZ

Industriekultur und zeitgenössische Kunst

Einst schlug im Leipziger Westen und ganz besonders in Plagwitz und in Teilen von Lindenau das Herz der Industrie. Seit Mitte des 19. Jahrhunderts wuchs besonders Plagwitz zu einem zusammenhängenden Gebiet von Fabrikbauten und Wohngebäuden für die Arbeiter. In den letzten Jahren hat sich der Stadtteil zu einem kreativen Zentrum mit einer Mischung aus historischem Charme und moderner Kunst entwickelt. Wir entdecken die pulsierende Atmosphäre dieses lebendigen Viertels und schlendern durch die Straßen, in denen sich Kunstgalerien, Cafés, grüne Oasen und Architektur verweben.

Ausgangs- und Endpunkt unseres Rundgangs ist der **Bahnhof von Plagwitz.** Von den Haltestellen des ÖPNV am Plagwitzer Bahnhof hat man direkt die Liebfrauenkirche im Blick. Die Industrialisierung Mitte des 19. und Anfang des 20. Jahrhunderts führte auch zu einem großen Zuzug an Katholiken nach Leipzig, sodass die Kapazitäten der katholischen Kirche St. Trinitas nicht ausreichten. Ein Neubau im Leipziger Westen sollte Abhilfe schaffen. Es entstand ein Komplex aus Pfarrhaus, Schule und der im Stil der Neoromantik errichteten Kirche, die 1908 eingeweiht wurde.

Bahnhof Plagwitz

Spinnerei Leipzig

Wir folgen dem Weg entlang der Kirche und unterqueren die Bahnstrecke. Direkt vor dem Haus mit der **Leuchtreklame „Leipziger Baumwollspinnerei"** biegen wir nach links und folgen dem Weg bis zum Haupteingang der früheren 1 **Spinnerei** auf der linken Straßenseite. Vorbei am **Bistro Salz,** in dem man gemütlich einkehren und in den warmen Monaten auch im Garten entspannen kann, geht es auf das Fabrikgelände.

Beim Betreten des Geländes fällt sofort die Weitläufigkeit auf. Die 1884 errichtete **Baumwollspinnerei** gleicht einer Fabrikstadt. Die Bebauung, die von außen verschlossen wirkt, ist eingegrenzt durch die Thüringer, die Saarländer Straße, die Spinnerei- sowie die Alte Salzstraße. Innerhalb dieses Komplexes standen 24 massive Backsteingebäude,

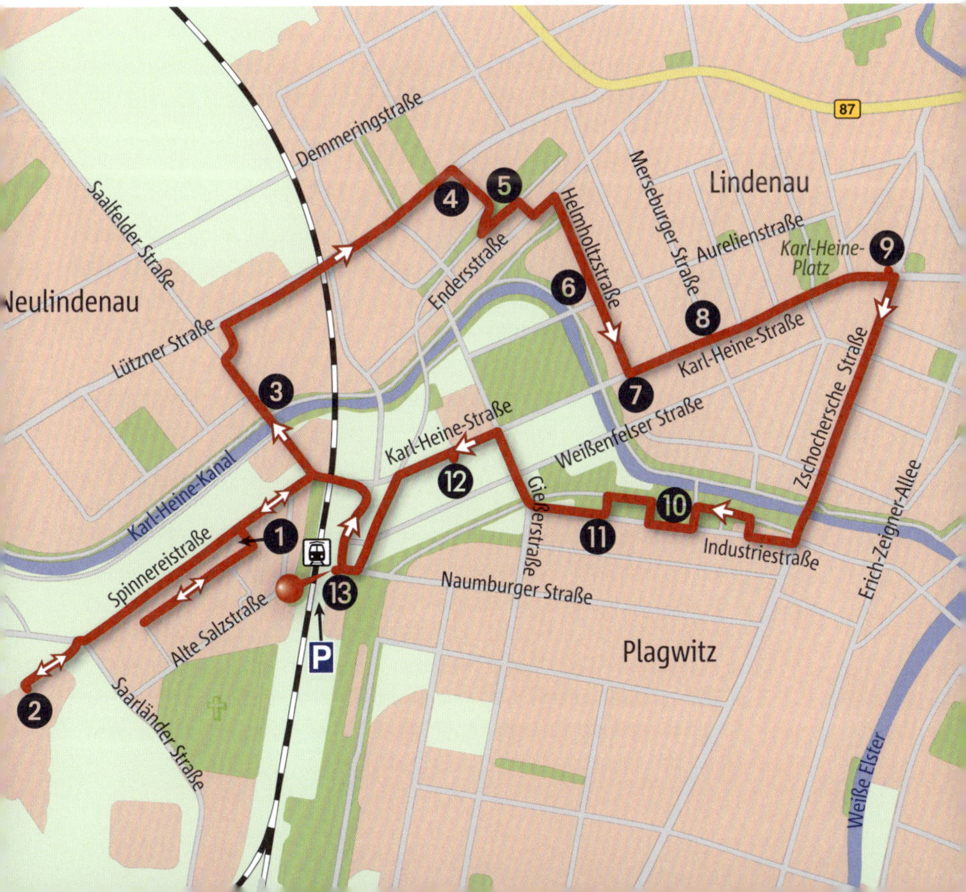

9 SPAZIERGANG DURCH PLAGWITZ

Auch wenn die Spinnerei zum Inbegriff für Plagwitz geworden ist, liegt sie genau genommen im Stadtteil Lindenau.

von denen noch 20 erhalten sind. Die Baumwollspinnerei war einstmals die größte ihrer Art auf dem europäischen Kontinent. Hier befanden sich nicht nur die Fabrikgebäude, sondern auch Arbeiterwohnungen, ein Kindergarten, und an das Gelände schloss sich eine kleine Erholungssiedlung an. Bis zu 4000 Menschen produzierten hier mit circa 240.000 Spindeln Baumwolle, bis die Produktion nach der Wiedervereinigung eingestellt wurde. Schon parallel zur auslaufenden Produktion siedelten sich erste Künstler hier an – sie fanden in den altehrwürdigen Mauern einen idealen Ort. Schnell waren die ersten Ateliers belegt. Schon während dieser Jahre wuchs die Bekanntheit der **„Neuen Leipziger Schule“**, allen voran von Neo Rauch, der einer der ersten Künstler war, die hier ihr Atelier bezogen. Nach und nach zogen mehrere Galerien ein. Unter anderem haben die Galerie EIGEN + ART, Galerie Kleindienst, ASPN und viele weitere ihren Sitz hier.

In den Meisterzimmern, den mit Glasfronten versehenen früheren Werkstätten der Spinnereimeister, kann man in ganz besonderer Atmosphäre übernachten.

Am 1.5.2005 öffneten alle offiziell ihre Räumlichkeiten mit einem famosen Rundgangswochenende. Weit über 10.000 Besucher aus aller Welt fanden den Weg hierher. Seitdem sind die Rundgänge ein fester Bestandteil im Spinnereiprogramm. Aber auch außerhalb dieser Wochenenden kann man die hervorragenden Ausstellungen in den **Galerien** anschauen. Dann hat man die Kunst auch meist für sich allein.

DIE NEUE LEIPZIGER SCHULE

Der Begriff Neue Leipziger Schule ist nicht unumstritten, bezeichnet er doch weniger einen Malstil oder eine eigene Kunstströmung als eher ein Marketinginstrument. Dennoch hat er sich im internationalen Gebrauch durchgesetzt. Er entstand in Abgrenzung zur Leipziger Schule. Der Begriff etablierte sich 1977 zur documenta 6 mit der Teilnahme von Tübke, Mattheuer und Heisig. Zur Neuen Leipziger Schule zählen neben Neo Rauch unter anderem Rosa Loy, Hans Aichinger, Matthias Weischer und David Schnell.

Die Spinnerei hat sich zum bedeutendsten Standort für zeitgenössische Kunst in Leipzig entwickelt. Sie ist Arbeitsort für über 100 Künstler. Neben den Galerien haben sich außerdem eine Porzellanmanufaktur, ein Künstlerbedarfshandel und auch ein Kino angesiedelt. Auf dem Programm der **Luru-Kinos** stehen Arthouse-Filme. Kunst gibt es hier auch an den Wänden – sie sind mit originalen Linoldruck-Tapeten von Christoph Ruckhäberle verkleidet, der das Kino gemeinsam mit Michael Ludwig führt.

Niemeyer Sphere

Nach dem Rundgang durch die Spinnerei verlassen wir das Gelände und biegen nach links. Schon von Weitem erkennt man einen kugelförmigen Hausanbau, der wirkt, als hätte ein Riese einen Golfball auf dem Haus platziert: die **2 Niemeyer Sphere an den Kirow-Werken.** Inmitten des traditionsreichen Industrieareals von Kirow, wo heute noch Kräne entstehen, befindet sich eines der spektakulärsten Architektur-Highlights von Sachsen. Der Plan zu dem Erweiterungsbau stammt aus der Feder von Oscar Niemeyer. Es ist der letzte realisierte Entwurf des Stararchitekten. Leider konnte er den Bau nicht mehr miterleben. Die Umsetzung erfolgte durch Jair Valera, seine langjährige rechte Hand, zusammen mit Harald Kern aus Leipzig. Trotz des imposanten Durchmessers von 12 Metern scheint die Kugel aus Beton und Glas der Schwerkraft zu trotzen. Locker und leicht schwebt sie an dem Backsteinbau. Das Ensemble löst eine große Faszination aus und lässt den Betrachter unweigerlich nach oben schauen. Im Inneren erwarten die Gäste ein Barbereich sowie eine Lounge mit Restaurant. Die Niemeyer Sphere kann man für Veranstaltungen mieten oder in dieser außergewöhnlichen Umgebung ein Menü genießen, das genauso begeistert wie der Bau selbst. Vorbestellung ist hier Pflicht.

Montags bis freitags können auch Nicht -Kirow-Mitarbeiter in der Kirow-Kantine im alten Kesselhaus ein Mittagessen aus regionalen Zutaten genießen.

Wir gehen die Spinnereistraße wieder zurück und biegen an ihrem Ende linker Hand in die Saalfelder Straße. Kurz nach der Überquerung des Karl-Heine-Kanals erreichen wir das 3 **Kunstkraftwerk.** In dem ehemaligen Heizkraftwerk wird die Welt der Kunst durch multimediale Installationen auf einzigartige Weise zum Leben erweckt. Die Kombination von Licht, Klang, Bewegung und Raum schafft ein immersives Erlebnis, das die Grenzen zwischen Realität und Kunst verschwimmen lässt – man erlebt Kunst auf eine ganz neue Weise. Das Kunstkraftwerk ist nicht nur ein Ort des Betrachtens, sondern auch des Eintauchens und Erlebens mit allen Sinnen.

Kunstkraftwerk

Kurz hinter dem Kunstkraftwerk biegen wir rechts in die **Lützner Straße** und folgen ihrem Verlauf, bis wir rechter Hand das 4 **Tapetenwerk** erreichen. 1873 wurde hier die Tapetenfabrik Langhammer und Söhne gegründet. Sie wuchs bis zur zweitgrößten Tapetenfabrik Deutschlands an. Unter dem Namen Leipziger Tapeten GmbH wurde nach den Wendejahren noch produziert, unter anderem die Platzdeckchen für die Lufthansa. Nach der Insolvenz 2006 fand man dank eines privaten Investors für die Hallen- und Kontorgebäude schnell eine Nachnutzung. Mit seiner Vielzahl an Studios, Ateliers und Ausstellungsräumen hat es sich unter dem Namen Tapetenwerk zu einem kulturellen Anziehungspunkt entwickelt.

Direkt dahinter führt von der Lützner Straße ein Weg nach rechts zum 5 **Henriettenpark.** Auf dem Weg blühen im Frühjahr die Kirschbäume besonders schön. Zwischen der Lützner, der Enders- und der Henriettenstraße wurde auf dem Gelände einer ehemaligen Trikotagenfabrik in den Jahren 1998–2005 eine lang gezogene Parkanlage geschaffen, deren Wegeverlauf eine Reminiszenz an die ehemaligen Bahngleise ist, die hier lagen. Auch die in die Wege aus Feldsteinpflaster eingelassenen Betonelemente erinnern an die alten Gleise. Die Mauerbegrenzungen entstanden aus Abbruchmaterial der Fabrik. Ein besonders schöner Platz ist rund um das Kiesbett in der Nähe der Kirschallee entstanden. Bei längerem Niederschlag bildet sich, begrenzt von Findlingen, ein kleiner natürlicher Teich.

Henriettenpark

Wir verlassen den Park am Parkplatz und biegen in die Helmholtzstraße ein. Nach nur wenigen Metern erreichen wir die im Jugendstil errichtete 6 **Philippuskirche.** Seit 2002 hat die Kirche keine eigene Gemeinde mehr. Nach über zehn Jahren Leerstand zog neues Leben in die alten Mauern: Im Pfarrhaus entstand ein Inklusionshotel mit einem idyllischen Biergarten mit Blick auf den Karl-Heine-Kanal, und der Kirchenbau selbst wird für zahlreiche Veranstaltungen genutzt. Von hier aus sind es nur noch wenige Schritte bis zur quirligen Karl-Heine-Straße mit ihrem bunten Mix aus Gastronomie, Kultur und Geschäften. Der erste Blick fällt direkt auf die Klinkerfassade mit den großen Fenstern – das 7 **Westwerk.** In den Hallen des ehemaligen Industriearmaturenwerks ist eine Vielzahl an Ateliers, Shops, Cafés und Veranstaltungsflächen beheimatet.

Unser Weg führt die 8 **Karl-Heine-Straße** entlang. Sie ist die pulsierende Lebensader des Leipziger Westens und ein Ort der Vielfalt und Kreativität. Hier reihen sich Kneipe an Kneipe und Geschäft an Geschäft, und auch die Kultur kommt nicht zu kurz. Die Karl-Heine-Straße ist ein Paradies für alle, die das Besondere suchen. Beim Entlangflanieren entdeckt man zahlreiche Perlen abseits des Mainstreams, wie den Hafen Concept Store oder deepmello – sustainable concept store, der im modernen Industrialstyle nachhaltig hergestellte Waren präsentiert. Von den unterschiedlichen Kneipen, Restaurants und Cafés wehen uns die verschiedensten Aromen in die Nase, denn Vielfalt wird hier großgeschrieben. So bekommt man bei Beard Brothers ausgefallene Hot-Dog-Kreationen, beim Capra leckere Sauerteigpizza oder im Salon Casablanca marokkanische Spezialitäten. Neben der Wohnbebauung aus der Gründerzeit sticht optisch besonders die **Schaubühne Lindenfels** hervor. Die vom Jugendstil inspirierte Front mit der Freitreppe, der überdimensionierten Uhr und den zierenden Aufbauten am Dach ist ein absoluter Hingucker. In dem altehrwürdigen Ballsaal wird heute eine bunte Mischung aus Theater, Kino, Konzerten und Gastronomie geboten.

Westwerk

Besonders beliebt sind die regelmäßig stattfindenden Kiezflohmärkte am Westwerk.

Seit 2005 firmiert die Schaubühne als gemeinnützige Aktiengesellschaft. Sie ist das erste Theaterhaus, das in solch einer Form betrieben wird.

Nur wenige Meter weiter wird der Blick von der barock anmutenden Kuppel des 9 **Felsenkellers** dominiert. Er ist eines der wenigen Vergnügungslokale aus der Zeit der Jahrhundertwende, die in Leipzig die Zeit überlebt haben. Anfang des 20. Jahrhunderts war der Felsenkeller ein beliebter Veranstaltungsort der Arbeiterklasse. Hier sprachen Karl Liebknecht, Clara Zetkin und Ernst Thälmann. Der Name geht dabei auf einen Vorgängerbau zurück, einen Bierkeller der Brauerei C.W. Naumann. Heute wird der Felsenkeller gastronomisch und als Veranstaltungsort genutzt. Im Biergarten sitzt man im Sommer unter Schatten spendenden Bäumen, und vor Weihnachten findet ein stimmungsvoller Weihnachtsmarkt statt.

Felsenkeller

Hier verlassen wir die Karl-Heine-Straße südlich und biegen rechts in die **Zschochersche Straße** ein. Sie ist nicht weniger bunt. Auch hier mischen sich Läden mit Gastronomie. Schon wenige Meter nach der Kreuzung befindet sich das **Unikatum** – ein Kindermuseum, das mit seinen interaktiven Ausstellungen und vielfältigen Mitmachangeboten die ganze Familie begeistert.

Wir überqueren den Karl-Heine-Kanal und biegen rechts in den 10 **Stadtteilpark Plagwitz** ein. Wo einst ein Verladebahnhof und Gleise das Bild bestimmten, ist heute eine grüne Oase entstanden. Der Stadtteilpark war eines von mehreren EXPO-2000-Projekten, die in Leipzig verwirklicht wurden. Die maroden Gebäude wurden abgerissen. Einzig das Verladehaus Nr. 1 blieb bestehen, wurde saniert und ist heute Sitz des Wasser-Stadt-Leipzig e. V. Außerdem weisen Gleise auf die ehemalige Nutzung des Geländes hin. Heute kann man zwischen den Bäumen entspannen, im Spätsommer leckere Brombeeren von den

Stadtteilpark Plagwitz

Konsumzentrale

Sträuchern naschen oder mit den Kindern auf dem Spielplatz klettern. Absolutes Highlight und nicht nur bei den Kindern beliebt ist die **Riesenrutsche,** die an den Ufern des Karl-Heine-Kanals endet.

Der Stadtteilpark verläuft entlang der Industriestraße. Schon von Weitem erblickt man die markante rote Backsteinfassade der ⓫ **Konsumzentrale.** Der wohl markanteste Bau der Moderne in Leipzig wurde 1929–1932 von Fritz Höger errichtet. Ganze 180 Meter ist der expressionistische Klinkerbau lang und besticht schon durch seine schiere Größe. Er soll einem vorbeiziehenden Schiff ähneln. Die Motive der Schifffahrt und des Wassers finden sich auch im Inneren mit den türkisblauen Fliesen und den roten Geländern. Einen Blick ins Haus sowie in den weiträumigen Innenhof sollte man sich nicht entgehen lassen.

Hinter der Konsumzentrale biegen wir rechts auf die Gießerstraße ein und kommen zurück auf die **Karl-Heine-Straße,** der wir westwärts folgen. Der hintere Teil der Karl-Heine-Straße ist vorrangig durch Industriebauten geprägt. Eine der bedeutendsten Industrieansiedlungen war die Firma von Rudolph Sack. 1913 produzierte sie auf einer Betriebsfläche von 75.000 Quadratmetern Landmaschinen. Heute befindet sich hier das **Da Capo –** Eventhalle und Oldtimermuseum. Optischer Blickfang ist das Flugzeug vom Typ IL-18 auf dem Dach der Halle.

Direkt an die Gebäude schließt sich das ⓬ **Firmengebäude der Gebrüder Brehmer** an. Nachdem die Brüder 1873 in Amerika eine Buchdrahtheftmaschine entwickelt hatten, kehrten sie nach Deutschland zurück und siedelten sich in Leipzig an. Was zunächst mit nur zwei Mitarbeitern begann, wurde in kürzester Zeit zu einer Firma von Weltruf. Heute befinden sich in dem architektonisch gelungenen Gebäude Wohn- und Gewerberäume.

BÜRGERBAHNHOF

Mit dem flächendeckenden Aus der Industrie in den 1990er-Jahren verlor der Güterbahnhof seine Bedeutung. Durch den Rückbau der Schienen entstand zwischen dem Plagwitzer Bahnhof, der Naumburger und der Antonienstraße eine riesige Brachfläche. Statt einer weiteren Wohnbebauung entschied man sich, die Fläche als grünen Freiraum zu gestalten. Ein Rad- und Fußweg verbindet die unterschiedlichen Projekte des Bürgerbahnhofs wie ein roter Faden miteinander. An riesigen Stahlträgern kann man auf der wohl größten Schaukel Leipzigs schaukeln. Im Freiluftcafé Heiter bis Wolkig sitzt man gemütlich unter Sonnensegeln. Kinder können direkt nebenan auf dem Bauspielplatz Wilder Westen unter Anleitung sägen, hämmern und bohren. Wer selbst gärtnern möchte, kann sich im Gemeinschaftsgarten Hildegarten betätigen. Außerdem findet auf dem Gelände dreimal im Jahr der Westbesuch statt. Er ist eine bunte Mischung aus Flohmarkt, Kunst und Musik. Ein Umweg den Bürgerbahnhof entlang lohnt auf jeden Fall.

Ehemaliges Firmengebäude der Gebrüder Brehmer

Direkt hinter der ehemaligen Fabrik entstand durch den Abriss alter Fabrikgebäude eine kleine Grünanlage. Der Weg hierdurch führt uns bis zur Naumburger Straße. Wenn wir den Blick nach rechts wenden, stehen wir am Anfang unseres Rundweges, am ⑬ **Plagwitzer Bahnhof.** Das Klinkergebäude wurde 1873 für die Linie Leipzig-Zeitz errichtet. Treibende Kraft für den weiteren Ausbau war der Industriepionier Karl Heine. Er ließ ein verzweigtes Netz aus 37 Industrieanschlüssen und Ladestellen bauen. Dies bedeutete einen großen Standortvorteil für den Leipziger Westen. Mit dem stetigen Ausbau der Industrie entwickelte sich der Bahnhof zum größten Güterbahnhof Leipzigs. Heute beeindruckt er immer noch mit seinem imposanten Gebäude.

Damals wie heute beherbergt der Bahnhof ein Restaurant. Das **Bi Ba Bo** stand ursprünglich als Abkürzung für **Bi**llard, **Ba**hnhof und **B**istr**o**, es hat aber noch eine weitere Bedeutung, denn im Sächsischen steht Bibabo für „alles Mögliche". Hier kann man den Rundgang zünftig beenden, zum Beispiel mit dem beliebten Plagwitzer Schälchen – Spaghetti mit Würzfleisch. Lecker!

10

Start/Ziel: Stannebeinplatz, 04347 Leipzig
Länge: ca. 5,8 Kilometer
Dauer: ca. 2 Stunden
ÖPNV: Tram- und Bushaltestelle Stannebeinplatz
Parken: In den Seitenstraßen rund um den Stannebeinplatz

UNTERWEGS ENTDECKT

1. Ehemalige Lindenallee – heute Schönefelder Allee
2. Art-déco-Wohnbebauung entlang der Schönefelder Allee
3. Gedächtniskirche Schönefeld
4. Grabpyramide der Familie Eberstein
5. Ehemaliges Schloss Schönefeld
6. Weidenhofsiedlung
7. Abtnaundorfer Park
8. Mariannenpark

ESSEN + TRINKEN

Café Trago, Paul-Heyse-Straße 1, 04347 Leipzig, cafetrago.de
(Frühstück, Snacks und Kuchen)

Verschiedene Cafés und Restaurants in der nahe gelegenen Eisenbahnstraße

DER GRÜNE OSTEN

Ein Parkspaziergang

Der Leipziger Osten wird im Allgemeinen eher mit Wohngebieten als mit Parks in Verbindung gebracht. Dabei kann man hier idyllische Spaziergänge unternehmen. Unser Rundgang führt uns von Schönefeld nach Abtnaundorf. Dabei entdecken wir zwei Parks, die unterschiedlicher nicht sein könnten: den wildromantischen Abtnaundorfer Park und den Mariannenpark, der zu Beginn des 20. Jahrhunderts entstanden ist.

Start- und Endpunkt des Spazierganges ist der **Stannebeinplatz.** Er besteht aus zwei Teilen, die durch die Straße getrennt werden. Seinen Namen hat der 1910–1915 angelegte Platz vom Müller einer wenige Meter östlich gelegenen Bockwindmühle erhalten. Die Mühle mit angeschlossener Gastwirtschaft erfreute sich als Ausflugsziel großer Beliebtheit. Schönefeld, das 1915 nach Leipzig eingemeindet wurde, hat Stannebein viel zu verdanken. Er genoss als Gemeinderat hohes Ansehen. Er verteilte Brot an Notleidende, unterstützte Kranke und Arme, war Mitbegründer des Allgemeinen Turnervereins zu Schönefeld, und nicht zuletzt trieb er den Bau von Trinkwasserleitungen voran, denn er erkannte die Bedeutung von sauberem Trinkwasser. Auf den großen orangefarbenen Sitzbänken, die den Platz zum Fußweg hin abgrenzen, erzählen Inschriften vom Wirken Stannebeins. Direkt an den Stannebeinplatz schließt das **Café Trago** an. Bei schönem Wetter kann man unter den Bäumen auf dem Freisitz des Cafés sitzen, aber das heben wir uns für den Abschluss des Rundgangs auf.

Café Trago

10 DER GRÜNE OSTEN

Schönefelder Allee

Ritters Meisterwerk im Stil des Art déco ist die Pfeilerhalle im Grassimuseum für Angewandte Kunst.

Gedächtniskirche Schönefeld

Wir biegen ein in die 1 **Schönefelder Allee.** Lange Zeit trug sie den Namen Lindenallee. Sie wurde in den Jahren 1621/22 von Moritz Thümmel, dem damaligen Eigentümer des Schlosses in Schönefeld, angelegt. Noch heute flaniert man hier unter den Linden entlang: zu einer Seite den Mariannenpark und zur anderen die überaus gelungene Wohnbebauung aus den Jahren 1927/28. Die Wohnbauten folgen dem Gestaltungsprinzip des 2 **Art déco** und gehen auf Entwürfe des Architekten Hubert Ritter zurück.

Die Schönefelder Allee verlängert sich am Ende zur Zeumerstraße. Hier fällt sofort die 3 **Gedächtniskirche Schönefeld** ins Auge. Sie wurde in den Jahren 1816–1820 neu errichtet, nachdem der Vorgängerbau während der Völkerschlacht durch einen Brand vollständig zerstört worden war. Seitdem trägt sie den Namen Gedächtniskirche. Während die Kirche äußerlich eher barock anmutet, überrascht ihre Innengestaltung. Denn hier beeindruckt ihr fast vollständig erhalten gebliebener schlichter Kirchensaal im Stil des Klassizismus. Berühmtheit erlangte die Kirche durch die Hochzeit von Clara und Robert Schumann, die sich hier am 12. September 1840 das Jawort gaben. Aber warum ließen sich die beiden außerhalb von Leipzig trauen? Nachdem sich die beiden Liebenden aufgrund der Ablehnung von Claras Vater die Hochzeit vor Gericht erstritten hatten, wollten sie nicht in Leipzig heiraten und wählten die Schönefelder Kirche, deren Pfarrer Karl August Wildenhahn außerdem ein Freund von Robert aus Kindheitstagen war.

Direkt an die Kirche grenzt die 4 **Begräbnisstätte der Familie Eberstein.** Sie wurde auf Wunsch der letzten Schlossbesitzerin Clara Hedwig von Eberstein 1883 in Form einer Pyramide aus fast schwarzen Syenit-Blöcken nach Plänen des Architekten Constantin Lipsius erbaut. Den Wunsch nach einer Pyramide brachte Clara Hedwig von Eberstein von ihren Reisen nach Ägypten mit. Ursprünglich wurde sie von zwei Löwen flankiert. Sie sind aber genauso verschwunden wie die acht Särge der Familie, die einst hier ihre letzte Ruhestätte fanden.

Unser Weg führt weiter über die Ossietzkystraße, aber nicht ohne vorher noch einen Blick in den Innenbereich des 5 **ehemaligen Schlosses Schönefeld** auf der gegenüberliegenden Seite der Zeumerstraße geworfen zu haben. Es geht auf das Rittergut zurück, das sich einst hier befand.

Innenhof des Schönefelder Schlosses

Besonders beliebte Veranstaltungen im Schloss sind der alljährliche Weihnachtsmarkt und das Kinderfest.

1604 ließ sich Familie Thümmel ein repräsentatives Herrenhaus – das Schloss – errichten. Nach mehrfachen Umbauten und Besitzerwechseln wurde das Schloss in seiner heutigen neobarocken Form in den Jahren 1871–1876 errichtet. Baroness Clara Hedwig von Eberstein war kinderlos geblieben und verfügte in ihrem Testament, dass ihr Vermögen, Grundbesitz und Gebäude in einer Stiftung zur Errichtung einer Versorgungsstätte für unbemittelte Töchter hoher Zivilbeamter und Militärs zu verwenden seien. Zum Andenken an ihre Mutter sollte die Stiftung den Namen **Mariannenstift** tragen. Es war der Wille der Baronesse, dass das Schloss eine Stätte für Menschen wurde, die auf Hilfe angewiesen sind. Und das ist es auch heute noch. Nach einer umfassenden Sanierung des Schlosses 1994 wurde hier eine Förderschule für Kinder und Jugendliche mit Behinderung eröffnet. In den letzten Jahren wurde das gesamte Areal schrittweise saniert und teilweise durch Neubauten ergänzt. Es ist ein sehenswertes

Gesamtensemble entstanden, das neben der Schule auch verschiedenste Wohnformen bietet.

Wir folgen der Ossietzkystraße bis zur Parthe und biegen direkt hinter dem Flüsschen rechts ein. Vorbei am Sommerbad und einer Kleingartenanlage, erreichen wir die 6 **Weidenhofsiedlung** in Mockau. Sie entstand nach Entwürfen von Stadtbaurat James Bühring zu Beginn der 1920er-Jahre westlich der Parthewiesen. Die niedrigen Klinkerhäuschen, teils mit Ziegelornamenten verziert, verströmen fast ländliches Flair. Leider sind zahlreiche Häuser in der Weidenhofsiedlung trotz des bestehenden Denkmalschutzes stark verändert worden. Ungeachtet dessen sind sie immer noch ein spannendes baukünstlerisches Zeugnis dieser Zeit.

In der Beuthestraße biegen wir kurz vor dem Garagenkomplex rechter Hand ein und erreichen nach wenigen Metern den 7 **Abtnaundorfer Park.** Hier erwartet uns ein unerwartetes Idyll. Der Grundstock für den Park wurde Mitte des 18. Jahrhunderts rund um das ehemalige Rittergut gelegt. 1789 erwarb die Leipziger Bankier- und Handelsfamilie

Weidenhofsiedlung

Abtnaundorfer Park

Frege das Gut und den Park. Vom Wörlitzer Park inspiriert, ließ Frege den Park entlang des kleinen Flüsschens Parthe im englischen Stil umgestalten. Auch der Park blieb in der Völkerschlacht nicht verschont, und seine Gestaltung hat stark gelitten. Für die Neuanlage wählte man den Londoner Kew Garden als Vorbild. Von der damals entstandenen Parkarchitektur hat leider nur wenig die Zeit überstanden. Ein Großteil des Baumbestandes wurde nach dem Ersten Weltkrieg abgeholzt, als ein Sägewerkbesitzer neuer Eigentümer des Geländes wurde. Und auch die nachfolgenden Zeiten, in denen die Eigentümer häufig wechselten, waren nicht unbedingt zum Vorteil für den Park. Trotzdem übt er einen ganz eigenen Reiz aus. Baumgruppen wechseln sich mit Wiesenflächen ab, und an den Rändern gleicht er einem kleinen Urwald.

Mariannenpark

Der leicht morbiden Romantik kann man sich bei einem Rundgang nicht entziehen, nicht zuletzt wegen des kleinen Teichs und der **Liebesinsel** mit dem Rundtempel. Am besten sieht man ihn in den Monaten, wenn die Bäume kein Laub tragen. Mitten im Teich schwebt eine anmutige Figur aus Drahtgewebe von der Künstlerin Franziska Möbius. Sie ist eine Reminiszenz an all die Menschen, die durch den Park lustwandelten. Wären wir um 1840 unterwegs, wäre es nicht ausgeschlossen, hier wieder auf Clara und Robert Schumann zu treffen. Das Paar war eng mit Livia Frege befreundet und unternahm in der romantischen Umgebung ausgedehnte Spaziergänge. 1891 wurde das alte **Herrenhaus** im nördlichen Teil des Parks durch einen repräsentativen Neubau im Stil der Neorenaissance ersetzt. Heute ist das Gebäude in Privatbesitz und wird als Wohngebäude genutzt. Vom Park aus wurde eine

Schloss Schönefeld

Sichtachse erhalten, die einen schönen Blick auf das sanierte Gebäude freigibt.

Wir verlassen den Park südlich Richtung Parthe, die nun unsere Begleiterin wird. Wir queren die Ossietzkystraße und betreten die Ausläufer des 8 **Mariannenparks.** Nach wenigen Metern rückt **Schloss Schönefeld** wieder in unseren Blick, diesmal von der schmucken Rückseite. Durch den Zaun hat man einen wundervollen Blick auf das Schloss und den kleinen Teich. Vorbei an der Schwimmhalle Nordost führt der Weg in den Park. Auch ihn hat die Stadt Leipzig Clara Hedwig von Eberstein zu verdanken. Sie verfügte, dass der Schlosspark und ein Feld westlich der Allee unbebaut bleiben sollten. Zu Beginn des 20. Jahrhunderts beschloss der Gemeinderat von Schönefeld die Umgestaltung zu einem Park und verpflichtete dafür den renommierten Gartenarchitekten Leberecht Migge, der als Reformanhänger galt. Er plante einen Volkspark, der allen Schichten offen stehen und vor allem den Arbeitern, die beengt wohnten, eine Freifläche zur Erholung bieten sollte. So entstanden ab 1913 unterschiedliche Flächen für Sport, Spiel und Erholung. Den zentralen Mittelpunkt bildet noch heute die große Tummelwiese, auf der im Sommer nicht nur getobt und getummelt wird, sondern man sich auch gern zum Grillen trifft. Für einen Rodelhang ließ Migge Schutt und Asche aufschütten. Kriegsbedingt kamen die Arbeiten 1914 zum Stillstand, sodass ein Bassin und die Gesellschaftshäuser nicht umgesetzt werden konnten. Nach Kriegsende fehlten die Mittel, trotzdem setzte man die Umgestaltung der Anlage in Migges Sinne fort. Gestalterischer Höhepunkt ist zweifelsohne der abgesenkte **Rosengarten** aus den 1920er-Jahren. Expressionistische Backsteinmauern fassen die Rasenfläche, die mit Rosenbeeten gesäumt ist, ein. Im Sommer verbreiten sie einen betörenden Duft. Nur unweit davon befinden sich Staudenbeete, die mit ihrer Farbenpracht begeistern. Immer wieder laden Bänke zu einer Pause ein. Seit 1931 trägt der Park den Namen Mariannenpark. Heute gilt er als seltenes noch erhaltenes Beispiel für die Volksgärten, die im frühen 20. Jahrhundert Verbreitung fanden.

Café Trago

Nach dem Spaziergang durch die Parkanlagen findet unser Rundgang sein Ende wieder am Stannebeinplatz. Genau der richtige Zeitpunkt, um bei einem Getränk und einer leckeren Kleinigkeit im **Café Trago** die müden Füße auszuruhen.

11

Start/Ziel: Haltestelle Goerdelerring, 04105 Leipzig
Länge: ca. 7,5 Kilometer
Dauer: ca. 3 Stunden
ÖPNV: Tramhaltestelle Goerdelerring
Parken: Parkplatz Naturkundemuseum, Rosentalgasse 3, 04105 Leipzig

UNTERWEGS ENTDECKT

1. Handschwengelpumpe
2. Zooschaufenster im Rosental
3. Der älteste Baum Leipzigs
4. Rosentalturm
5. Schillerhaus
6. Gohliser Schlösschen
7. Ehemaliger Anger von Alt-Gohlis umrahmt von Jugendstilhäusern
8. Gosenschenke „Ohne Bedenken“
9. Michaeliskirche
10. Zoo Leipzig

ESSEN + TRINKEN

Café im Gohliser Schlösschen, Menckestraße 23, 04155 Leipzig,
Tel. (03 41) 58 61 58 46, gohliserschloesschen.de
(Fürstlicher Genuss)

Gosenschenke „Ohne Bedenken“, Menckestraße 5, 04155 Leipzig,
Tel. (03 41) 5 66 23 60, gosenschenke.de
(Urig seit 1899)

Handwerksbäckerei Kleinert, Gohliser Straße 23, 04155 Leipzig,
Tel. (03 41) 4 97 20 30, baeckerei-kleinert.de
(Der Lerchenspezialist)

Zahlreiche Restaurants entlang der Gohliser Straße

EINMAL DURCH GOHLIS

Wem's zu wohl is', der geht nach Gohlis

„Wem's zu wohl is', der geht nach Gohlis" – diesen Spruch hört man auch heute noch, wenn es um den Stadtteil Gohlis geht. Der Ursprung wird Goethe zugeschrieben. Zu einer Zeit, als Gohlis noch ein Dörfchen vor der Stadt war, unternahm er während seiner Studienzeit gern Spaziergänge nach Gohlis. Er zog die gesundheitsfördernde frische Landluft der stickigen Stadtluft vor. Goethes eigentlichen Ausspruch „Wem nicht wohl ist, der geh' nach Gohlis!" wandelte der Volksmund ab. Man spielte darauf an, dass sich nur die Bessergestellten einen Ausflug in die Sommerfrische leisten konnten. Schauen wir bei unserem Spaziergang durch Gohlis, welcher der beiden Sprüche besser passt.

Unser Rundgang startet am **Goerdelerring** Richtung Norden. Hinter dem Naturkundemuseum biegen wir in die Lortzingstraße ein. Auf der Hinterseite des Museums steht eine von mehreren ❶ **Handschwengelpumpen,** die man über die Stadt verteilt findet. Lange Zeit erfolgte die Wasserversorgung der Stadt ausschließlich über Brunnen und Pumpenanlagen. Aber auch als Mitte des 19. Jahrhunderts ein Trinkwassernetz errichtet wurde, verloren sie nicht ihre Bedeutung. Im Gegenteil: Die Stadt ließ im letzten Drittel des 19. Jahrhunderts die hölzernen Pumpen durch gusseiserne ersetzen und künstlerisch aufwendig gestalten. Einst gab es über 250 dieser Pumpen in der Stadt und ihren Außenbezirken. Nach und nach verfielen die Brunnen, und nur die wenigsten waren noch intakt, als sie in den 1980er-Jahren wieder ins Blickfeld rückten. 30 Pumpen konnten saniert werden und spenden Brauchwasser. Wer mit offenen Augen

Delphinbrunnen

Zooschaufenster

durch die Stadt spaziert, findet fünf verschiedene gestalterische Typen: große und kleine Löwen, den Vogelkäfigbrunnen, den (neo-)gotischen Brunnen und den **Delphinbrunnen.** Vor Letzterem stehen wir in der Lortzingstraße. Er wurde 1993 saniert. Der namensgebende Delphin ziert die Spitze der Pumpe. Zu Beginn der Sanierungsarbeiten war an keiner Pumpe dieses Typs ein Delphin erhalten, sodass er anhand der Originalzeichnungen neu gegossen wurde.

Wir folgen der Lortzingstraße und gehen nach links in die Humboldtstraße, um gleich wieder rechts in die Rosentalgasse einzubiegen. Am Ende der Straße steht ein großer bekrönter Fahnenmast. Er ist das Einzige, was von den ehemaligen Torhäusern, die den **Eingang zum Rosental** mar-

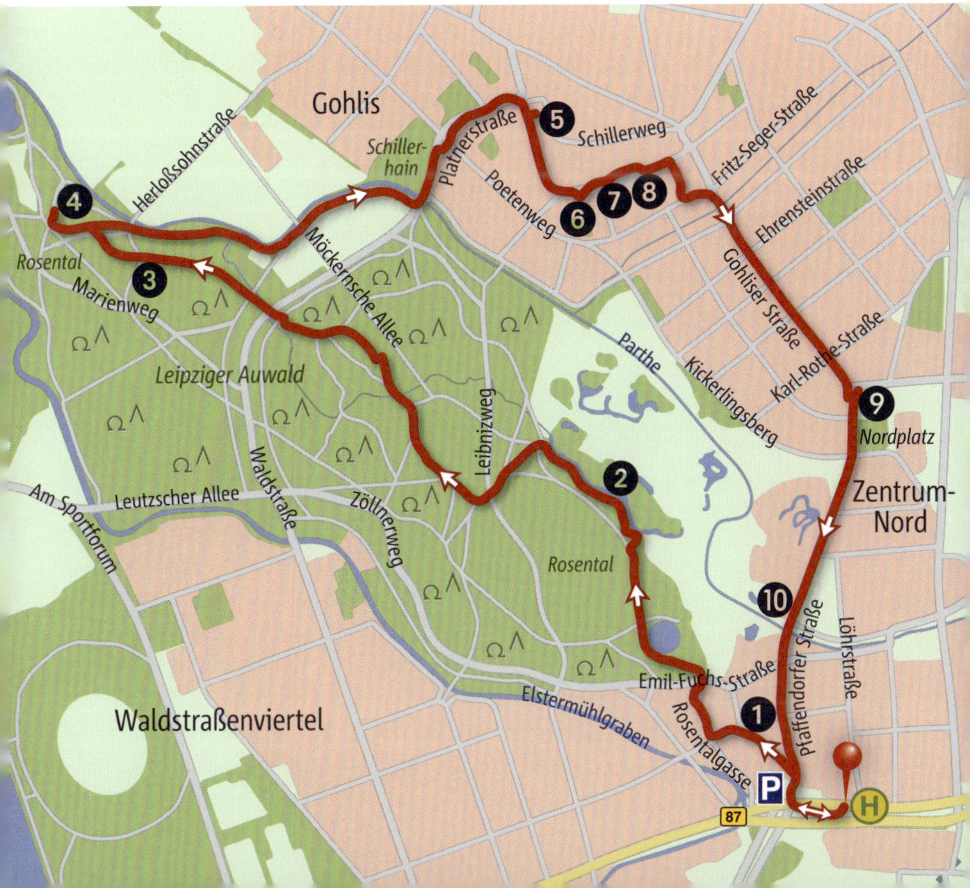

kierten, verblieben ist. Wir betreten hier die Grünanlage und halten uns rechts.

Das **Rosental** ist ein parkähnlicher Teil des nördlichen Auwaldes. Woher allerdings der Name stammt, ist bis heute ungeklärt, denn namensgebende Rosen gab es hier nie. Besonders beliebt ist die **große Wiese** in unmittelbarer Nähe zum Eingang in der Rosentalgasse. Die Lage gefiel auch schon August dem Starken, denn er wollte sich hier für seine Besuche in Leipzig ein Schloss errichten lassen. Er stellte sich ein Lustschloss mit einem niederländisch inspirierten Garten vor. Die Stadt Leipzig sollte sich finanziell daran beteiligen, schob aber immer wieder neue Bedenken vor, bis der Bau letztlich ganz abgesagt wurde. Nur die Sichtachsen, die von der Wiese abgehen und schon zu Zeiten Augusts des Starken angelegt wurden, sind zu großen Teilen heute noch erkennbar. Statt höfischer Pracht kann man heute in der Nähe der großen Wiese die Tiere der Afrikasavanne des Zoos beobachten. Wenn man Glück hat, schauen die Giraffen neugierig über den mit Schilf bewachsenen Wassergraben und betrachten das muntere Treiben auf der Wiese. Das **2 Zooschaufenster** wurde 1976 geschaffen und ist seitdem besonders bei Familien mit Kindern ein beliebtes Sonntagnachmittagsausflugsziel.

Jedes Jahr im Juli spielt das Gewandhausorchester zum Saisonabschluss unter dem Motto Klassik airleben zwei kostenfreie Picknickkonzerte im Rosental.

An der Hundewiese vorbei geht es über die Breite Allee weiter durchs Rosental. Wir queren die Waldstraße und folgen dem Weg Richtung Rosentalturm. Er führt vorbei an **3 Leipzigs ältestem Baum.** Die Stieleiche wird auf circa 600 Jahre geschätzt. Der Stamm ist bereits hohl, wurde durch Brandstiftung mutwillig beschädigt, und trotzdem strotzt die Eiche noch vor Vitalität.

Leipzigs ältester Baum

Blick vom Rosentalturm

Nun sind es nur noch wenige Hundert Meter bis zum **Scherbelberg,** einer hügeligen Anhöhe im „Hinteren Rosental", die wie zahlreiche andere in und um Leipzig künstlich angelegt wurde. Der Hügel ist im späten 19. Jahrhundert aus dem Hausmüll der umliegenden Häuser entstanden. 60.000 Pferdekarrenfuhren sollen hier lagern. Auch wenn das wenig einladend klingt, wurde aus dem Berg schnell eine beliebte Touristenattraktion, denn man ließ es sich nicht nehmen, von hier einen Blick auf die Stadt zu werfen. So wurde recht bald auf dem Monte Scherbelino ein Holzturm errichtet. Er brannte allerdings 1943 ab. Der stählerne Nachfolgebau, der 4 **Rosentalturm,** wurde 1975 eingeweiht, und noch heute genießt man eine sensationelle Aussicht über Leipzig. Allerdings sollte man schwindelfrei sein, denn der Turm trägt nicht umsonst den Beinamen Wackelturm. Sind mehrere Personen auf dem Turm oder weht auch nur ein kleiner Wind, entwickelt der Turm eine gewollte Eigendynamik und schwingt im Wind. Man fühlt sich wie auf einem Baumwipfel, der hin und her geweht wird. Doch der Ausblick entschädigt auf jeden Fall. Nachdem man den Turm im Zickzack erklommen hat, steht man oberhalb der

Bäume und blickt über das schier endlose Grün des Rosentals. Hinter dem Wald erhebt sich die **Skyline der Stadt,** und man erspäht das Zentralstadion, den Panoramatower, das Rathaus und das Völkerschlachtdenkmal.

Wenn wir wieder festen Boden unter den Füßen haben, wählen wir den Weg entlang der Parthe. An der Gohliser Wehrbrücke verlassen wir das Rosental und biegen links in die Platnerstraße. Am auffallend gefliesten Haus des Weinlokals & Restaurants Drogerie biegen wir rechts in die Menckestraße ein. Schon in Sichtweite befindet sich das 5 **Schillerhaus.** Hier verbrachte im Jahr 1785 der junge Schiller die Sommermonate. Er arbeitete an „Don Karlos" und schrieb die „Ode an die Freude". Im Schillerhaus, das zum Stadtgeschichtlichen Museum Leipzig gehört, befindet sich eine sehr sehenswerte Ausstellung. Sie stellt den jungen Schiller in den Mittelpunkt. Auf jeden Fall sollte man einen Blick in den wundervollen **Bauerngarten** werfen, der sich am Haus anschließt.

Schillerhaus

Weinreben an der hinteren Gartenbegrenzung formen den Schriftzug „Schiller".

Unser Weg führt weiter die Menckestraße entlang, vorbei am ehemaligen Verwaltungs- und Verkaufsgebäude der **Schokoladenfabrik Felsche.** Wo jetzt Lofts entstanden sind, erinnern nur noch die Schriftzüge Wilhelm Felsche sowie VEB Goldeck, dem die Firma nach der Enteignung in der DDR zugeordnet war, an die schokoladigen Zeiten.

Nach wenigen Metern stehen wir vor dem leicht zurückgesetzten Bau des 6 **Gohliser Schlösschens.** 1755/56, zu einer Zeit, als Gohlis noch ein kleines Dorf vor den Toren der Stadt war, ließ sich der Leipziger Ratsherr Johann Caspar Richter ein Sommerpalais erbauen. Heute ist es die letzte noch erhaltene Guts- und Schlossanlage aus der Barock- und Rokokozeit in Leipzig. Die eigentliche Schmuckseite des Gebäudes war und ist die Gartenseite. Durch das abfal-

Gohliser Schlösschen

lende Gelände konnte hier eine Etage mehr gebaut werden als an der zur Menckestraße liegenden Seite. Schon bald nach dem Bau wurde das Schlösschen zu einem Musenhof und geistigen Zentrum, in dem Schiller und andere Größen der Zeit zu Gast waren. Umrahmt wird die Anlage durch einen **Garten** im Stil des bürgerlichen Barocks, durch den man lustwandeln kann. Vielleicht auch nach einem leckeren Essen, Kaffee und Kuchen oder einem Gläschen Wein im **Café des Schlösschens.**

Veranstaltungen wie Konzerte, Lesungen und das beliebte Sommertheater ziehen zahlreiche Kulturbegeisterte ins Gohliser Schlösschen.

Wie zu Beginn erwähnt, avancierte das Dörfchen Gohlis zum beliebten Ausflugsziel der Leipziger. Man spazierte die prächtigen Alleen des Rosentals entlang und gelangte bequem in die Sommerfrische. Wer heute die Menckestraße entlanggeht, sieht nicht mehr viel vom grünen und dörflichen Charakter von Gohlis. Nun prägen Gründerzeithäuser und prächtige Villen die Umgebung. Was allerdings auch bei der Neubebauung um 1900 erhalten wurde, ist die Form des 7 **Dorfangers** von Alt-Gohlis nur wenige Schritte hinter dem Gohliser Schlösschen. Lange Zeit wurde die Fläche als wilder Parkplatz genutzt. Mit der Umgestaltung, die im Frühjahr 2023 beendet wurde, ist ein richtiges Schmuckstück entstanden. Zahlreiche Pflanzen, ein Trinkbrunnen und Bänke laden zum Verschnaufen ein. Während man auf den Bänken sitzt, kann man die **Jugendstilhäuser** rundherum bewundern, die ohne Zweifel zu den schönsten der Stadt zählen.

Der Menckestraße weiter folgend, erreichen wir nach wenigen Metern eine Leipziger Traditionsgaststätte – die **8 Gosenschenke „Ohne Bedenken“.** Der Name soll auf einen Wirt zurückgehen, der auf die Frage, ob man die Gose trinken kann, immer „Ohne Bedenken“ geantwortet haben soll. Das Gasthaus wurde 1899 eröffnet und ist die einzige noch original erhaltene Gosenschenke weltweit. 1958 schloss sie, wenig später wurde der Braubetrieb eingestellt. Erst Mitte der 1980er-Jahre wurde die Gosenschenke wieder zum Leben erweckt. Seitdem kann man das Leipziger Bier am historischen Ort im urigen Ambiente des holzgetäfelten Gastraums oder im Sommer im großen **Biergarten** genießen.

ZUR GESCHICHTE DER GOSE

1738 besuchte der „Alte Dessauer“ Leopold von Anhalt-Dessau Leipzig. Vom Durst geplagt, wollte er ein Bier trinken. Allerdings traf das so gar nicht seinen Geschmack. Daraufhin soll er dem Wirt sein Lieblingsbier – die Gose – empfohlen haben, das seitdem aus den Leipziger Lokalitäten nicht wegzudenken ist. Die Gose stammt ursprünglich aus Goslar, ist dort allerdings kaum noch bekannt. Schon seit dem Mittelalter wurde das Bier dort gebraut. Gose ist ein obergäriges, leicht säuerliches Bier, das man am ehesten mit der Berliner Weiße vergleichen kann. Da sie einen eigenen Biertyp darstellt, unterliegt sie nicht dem deutschen Reinheitsgebot. Deshalb dürfen ihr auch Koriander und Salz zugefügt werden, zusätzlich verleiht die Milchsäuregärung der Gose ihren ganz eigenen Geschmack. Man trinkt die Gose entweder klassisch pur oder mit Waldmeister- oder Himbeersirup. Aber auch zahlreiche Varianten wie Gose mit Kirschlikör oder Allasch, einem Leipziger Kümmellikör, sind möglich.

WIE KAM DIE LEIPZIGER LERCHE ZU IHREM NAMEN?
Im 18. und 19. Jahrhundert gehörte die Lerche zu den kulinarischen Delikatessen. Der kleine Singvogel wurde zu Abertausenden gefangen und entweder in Kräutern und Eiern gebacken oder als Pastete mit Teig umhüllt serviert. Leipzig war das Zentrums des Lerchenfangs, von hier aus wurden die kleinen Vögel in die ganze Welt verschickt. Direkt nach dem Fang wurden sie gerupft, zusammengebunden und in Spezialkisten verschickt. Alles, was nicht verschickt wurde, verkauften die Lerchenfrauen im Salzgässchen in der Innenstadt. Eine unvorstellbar hohe Zahl an Vögeln fand so den Tod, sodass sich nicht nur Vogelfreunde empörten. Schließlich verbot der sächsische König Albert I. 1876 die Jagd auf die Singvögel. Findige Konditoren erfanden daraufhin ein süßes Gebäckteilchen, das die Form der Lerchenpastete nachahmte. Die Kreuzbänder als Abschluss sollen die Bänder symbolisieren, mit denen die Vögel einst zusammengebunden wurden. Bis heute ist die Leipziger Lerche ein beliebter kulinarischer Genuss.

Nach der Stärkung gehen wir die Menckestraße weiter Richtung **Gohliser Straße,** über die und ihre Verlängerung, die Pfaffendorfer Straße, wir zum Ausgangspunkt zurückkehren. Auf dem Weg kann man die prachtvollen Häuser aus der Gründerzeit bewundern, die rechts und links der Straße stehen. In der Gohliser Straße 23 lohnt ein Stopp, wenn man Lust auf was Süßes hat oder ein typisches Leipziger Mitbringsel sucht. Die **Leipziger Lerche,** ein traditionelles Gebäck mit Marzipan und Mürbeteig, wird in zahlreichen Bäckereien angeboten. Aber die vermutlich besten Lerchen gibt es in der **Handwerksbäckerei Kleinert.** Hier gibt es nicht nur die Originallerchen, sondern auch Abwandlungen wie die Pistazienlerche oder die Herrenlerche mit Schokolade. Zu speziellen Anlässen werden auch die Bachlerche oder eine Winterlerche mit kandierten Früchten und Gewürzen oder zum Wave-Gotik-Treffen zu Pfingsten eine ganz in Schwarz hergestellt. Mein persönlicher Favorit ist die „Gaffee-Lerche" mit Kaffeeextrakten – auf jeden Fall eine Sünde wert und eine ideale Wegzehrung für die restliche Strecke.

Michaeliskirche

Die Gohliser Straße mündet in den Nordplatz, der von der 9 **Michaeliskirche** mit ihrem über 70 Meter hohen Turm dominiert wird. Der Sakralbau wurde 1904 geweiht. Die Kirche vereint Elemente der Renaissance, der Neogotik, des Neobarocks und des Jugendstils miteinander. Sie ist dem Erzengel Michael gewidmet, der als Statue über dem zweiteiligen Hauptportal über die Besucher wacht. Vor der Kirche wurde eine Parkfläche mit Blumenrabatten und Bänken angelegt. Wer bislang dem Genuss der Leipziger Lerche widerstehen konnte, findet hier ein schönes Plätzchen und kann sie in Ruhe genießen.

Eingang Zoo

Wir folgen weiter der Pfaffendorfer Straße. Die Gebäude rechter Hand gehören schon zum 10 **Leipziger Zoo.** Er zählt zu den ältesten, mit über 850 Arten zu den artenreichsten und naturnahesten Tiergärten weltweit. In der weitläufigen Anlage erwarten die Besucher spannende tierische Eindrücke in sechs unterschiedlich angelegten Erlebniswelten. So kann man im Gondwanaland eine tropische Welt erkunden und sogar auf Bootstour gehen. Im Elefantentempel ist man mit den Dickhäutern auf Du und Du oder unternimmt in der Kiwara-Lodge eine Reise in die weiten Savannen Afrikas. Und im historischen Gebäude des Aquariums kann man in die Unterwasserwelt eintauchen. Für einen Besuch sollte man einen kompletten Tag einplanen, denn die Zeit vergeht hier wie im Fluge.

Nun sind es nur noch wenige Schritte bis zu unserem Ausgangspunkt am **Goerdelerring.** Wie entscheiden Sie nach unserem Spaziergang: Hat eher Goethe recht und ein Spaziergang nach Gohlis hat gesundheitsfördernde Wirkung, oder geht nur der hin, dem's zu wohl ist?

12

Start/Ziel: Augustusplatz, 04109 Leipzig
Länge: ca. 6 Kilometer
Dauer: ca. 2 Stunden
ÖPNV: Tramhaltestelle Augustusplatz
Parken: Parkhaus am Augustusplatz, Augustusplatz 15, 04109 Leipzig

UNTERWEGS ENTDECKT

1. Gewandhaus und Oper
2. Notenwand
3. Schumann-Haus
4. Musikinstrumentenmuseum im Grassimuseum
5. Grieg-Begegnungsstätte
6. Mendelssohn-Haus
7. Mendelssohn-Denkmal
8. Thomaskirche
9. Altes Rathaus
10. Nikolaikirche
11. Städtisches Kaufhaus

ESSEN + TRINKEN

Café Bigotti, Burgstraße 1–5, 04109 Leipzig,
Tel. (03 41) 25 35 22 07, cafe-bigoti.de
(Kaffeegenuss im trendigen Ambiente)

Zum Arabischen Coffe Baum, Kleine Fleischergasse 4, 04109 Leipzig,
Tel. (03 41) 70 29 07 00, coffebaum.de
(Traditionsreich in einem der ältesten Kaffeehäuser Europas einkehren)

Zahlreiche weitere Cafés und Gaststätten in der Innenstadt

RUND UM DIE INNENSTADT

Musik liegt in der Luft

Leipzig verfügt über eine lange und reiche Musiktradition. Hier wirkten und wirken berühmte Komponisten und Musiker, wie die Schumanns, Bach oder Mendelssohn Bartholdy. Die Thomaskirche, in der Bach als Thomaskantor tätig war, ist ein Pilgerort für Musikliebhaber aus aller Welt, und das alljährliche Bachfest im Juni zeigt, wie frisch und modern seine Musik noch heute klingt. Das Gewandhausorchester ist eines der renommiertesten Orchester weltweit, und gleich mehrere Museen widmen sich musikalischen Themen. Kein Wunder, dass bei unserem Spaziergang eine Menge Musik in der Luft liegt.

Start- und Endpunkt unseres Rundganges ist der Augustusplatz. Hier, an einem der größten innerstädtischen Plätze Deutschlands, stehen vis-à-vis das ❶ **Gewandhaus und die Oper.** Letztere wurde in den Jahren 1954–1960 im neoklassizistischen Stil neu aufgebaut. Im Inneren dominieren die Gestaltungselemente der 50er-Jahre in den Farben Weiß, Gold und Weinrot. Besonders beeindruckend sind die Lampen. Sie bilden Pusteblumen in den unterschiedlichen Blühstadien von Knospen über aufgeblühte Dolden bis hin zu Samenkapseln nach. Die Oper Leipzig bietet musikalischen Genuss in den Bereichen Oper und Ballett.

Mit der Musikalischen Komödie im Haus Dreilinden in Leipzig-Lindenau verfügt die Oper zusätzlich über ein eigenes Haus für den Bereich Operette und Musical.

Sinfonischen Werken kann man im **Gewandhaus** lauschen. Das Konzertgebäude wurde 1981 eingeweiht und setzt die lange Tradition des Vorgängerbaus als Heimstatt des Gewandhausorchesters fort. Der dreigeschossige Bau begeistert mit einem amphitheaterähnlichen, 1900 Plätze fassenden Konzertsaal, der über eine außergewöhnliche Akustik verfügt. Kein Wunder, denn immerhin wird dem damaligen Gewandhauskapellmeister Kurt Masur ein großer Anteil am Bau und der Ausführung zugeschrieben. Aber das Gewandhaus überzeugt nicht nur klanglich. Im Inneren kann

Gewandhaus

man zahlreiche Kunstwerke entdecken. Schon von außen sichtbar ist das Deckengemälde von Sighard Gille „Gesang vom Leben". Es ist mit 714 Quadratmetern das größte Europas. Wenn im Gewandhaus in den Abendstunden das Licht angeht, kann man es in seiner vollen Pracht von außen betrachten.

Direkt vor dem Gewandhaus beeindruckt der **Mendebrunnen** mit zahlreichen maritimen Schmuckelementen. Etwas weiter, zu Füßen des Panoramatowers zwischen Gewandhaus und Universität, steht der schwarz glänzende fensterlose **MDR-Kubus.** Er wurde 2001 nach Plänen des Dresdner Architekten Peter Kulka fertiggestellt. Hier proben der MDR-Rundfunkchor sowie das MDR-Sinfonieorchester.

An den Kubus schließen sich das Neue Augusteum sowie das Paulinum der **Universität Leipzig** an. Der Neubau aus den Jahren 2007–2012 ersetzte den Vorgängerbau an gleicher Stelle. Er entstand nach einem Entwurf von Erick van Egeraat. Mit dem Paulinum erinnert er äußerlich an die 1968 gesprengte Paulinerkirche. Die „Alma Mater Lipsiensis" wurde 1409 gegründet und ist nach Heidelberg die zweitälteste durchgehend betriebene Universität Deutschlands. Auch Georg Philipp Telemann, Richard Wagner und Robert Schumann waren als Studenten hier eingeschrieben.

Im Innenhof wurde das Schinkeltor des alten Augusteums in den Bau integriert, es ist das einzige Zeugnis Schinkels in Leipzig.

Vom Augustusplatz aus wählen wir den Weg westlich der Oper die **Goethestraße** entlang. Direkt neben der seitlichen Fassade stehen Reste des Neuen Theaters, des Vorgängerbaus der Oper. Obwohl gut sichtbar, sind sie doch recht unbekannt. Im Zuge der Abrissarbeiten des Neuen Theaters ab 1950 brachte man Teile des **Figurenfrieses** auf den Alten Johannisfriedhof. Dort gerieten sie in Vergessenheit und wurden erst in den 1990er-Jahren wieder restauriert, verblieben aber weitestgehend als Frag-

HOCH HINAUS

City-Hochhaus, Panoramatower, Uniriese oder Weisheitszahn – das höchste Gebäude Leipzigs hat viele Namen. Und es ist ein Muss für alle Leipzig-Besucher, denn mit seiner Höhe von 142 Metern garantiert es einen fantastischen Panoramablick über Leipzig und weit darüber hinaus. Der Turm wurde 1968–1972 vom Architekt Hermann Henselmann für die Universität Leipzig errichtet. Der Turm ähnelt in seiner Form einem aufgeschlagenen Buch und verkörperte schon weithin sichtbar seine damalige Nutzung als Turm des Lernens. In der 29. Etage des Turmes speist man im höchstgelegenen Restaurant Mitteldeutschlands.

mente. Sie wurden 1993 zu den 300-Jahr-Feierlichkeiten der Oper an ihrem jetzigen Platz aufgestellt.

Der Weg führt weiter zum **Schwanenteich.** Von hier aus bietet sich ein schöner Blick auf den rückwärtigen Bereich der Oper. Wir flanieren einmal um den Teich herum und kommen am östlichen Ausgang der Grünanlage an der **Wagner-Büste** vorbei. Sie wurde im Jahr 1983 anlässlich seines 170. Geburts- und 100. Todestages eingeweiht und ist der Nachguss einer Büste, die Max Klinger 1905 für das unvollendet gebliebene Wagner-Denkmal geschaffen hat. Die Büste ist das erste vollendete Denkmal, mit dem man Richard Wagner in seiner Geburtsstadt ehrte. An einem später entstandenen kommen wir im Verlaufe des Spazierganges noch vorbei.

Notenwand

Wir verlassen den Park, überqueren den Georgiring, gehen den Fußweg zwischen den Wohnhäusern hindurch und folgen der Littstraße und in deren Verlängerung der Dörrienstraße. Hier befinden wir uns mitten im **Grafischen Viertel.** Auch das Verlagswesen spielte für die Musik eine wichtige Rolle. So wurde in Leipzig 1719 durch Bernhard Christoph Breitkopf der älteste Musikverlag der Welt gegründet, der seit der Übernahme durch Gottfried Christoph Härtel 1795 den Namen Breitkopf & Härtel trägt.

2013 wurde als eine Station der Leipziger Notenspur am Penta-Hotel die sogenannte 2 **Notenwand** eingeweiht. Die 2 x 3 Meter große Wand lädt zum spielerischen Entdecken der Musik ein. Auf ihr befinden sich Informationen, Klangbeispiele zur Entwicklung der Notenschrift, eine Braille-Notenschrift und musikalische Rätsel für große und kleine Wissbegierige.

Die Leipziger Notenspur führt auf rund 5,3 Kilometern durch die Innenstadt und erklärt an 23 Stationen Wissenswertes zur Musikgeschichte der Stadt.

Über die Kreuzstraße erreichen wir das 3 **Schumann-Haus** in der Inselstraße. In dem klassizistischen Haus taucht man in die Welt von Clara und Robert ein. Das frischvermählte Paar zog 1838 in die erste gemeinsame Wohnung, die damals am Stadtrand des sich ausbreitenden Leipzig lag. Doch bis dahin war es ein schwieriger Weg. Robert Schumann wurde von Friedrich Wieck, Claras Vater, in Musiktheorie unterrichtet. Clara und Robert lernten sich kennen und lieben und verlobten sich 1837 heimlich. Claras Vater war gegen eine Beziehung der beiden und erst recht gegen die Hochzeit. Sie mussten vor Gericht ziehen, um in langwierigen Verhandlungen eine Zustimmung zu erwirken. Letztlich siegte die Liebe. Heute kann man in der ersten Eta-

Schumann-Haus

ge des Gebäudes die original hergerichteten Wohnräume des Paares betreten und auf den Spuren des Künstlerpaars wandeln. So kann man sich im Reisekabinett auf Konzertreise begeben und im Klangraum sowie im Hörkabinett ihre Musik erleben. Im **Schumann-Saal** wird der künstlerische Salon des 19. Jahrhunderts lebendig. Hier empfing das Paar regelmäßig berühmte Persönlichkeiten wie Felix Mendelssohn Bartholdy, Franz Liszt oder Hector Berlioz.

Die kronenähnliche Agave auf dem Dach des Grassimuseums wird im Volksmund oft fälschlicherweise goldene Ananas genannt.

Wir spazieren die Inselstraße weiter und überqueren die Dresdner Straße Richtung Rabensteinplatz. Von hier haben wir schon die Seitenfassade des beeindruckenden **Grassimuseums** im Blick. Benannt ist es nach dem Kaufmann und Mäzen Franz Dominic Grassi, der der Stadt ein beachtliches Vermögen hinterließ. Nachdem der erste Bau am Wilhelm-Leuschner-Platz, in dem sich heute die Stadtbibliothek befindet, zu klein geworden war, entschied man sich für einen Neubau. Der erhabene Gebäudekomplex aus rotem Porphyr, erbaut im Stil der Neuen Sachlichkeit und des Art déco, der 1929 eingeweiht wurde, erinnert mit seinen Innenhöfen und den Gärten fast an einen Schlossbau.

Der Komplex des Grassimuseums beherbergt seit Anbeginn drei verschiedene Museen: das Museum für Angewandte Kunst, das Museum für Völkerkunde zu Leipzig sowie das ④ **Musikinstrumentenmuseum** der Universität Leipzig. Im zweitgrößten Musikinstrumentenmuseum Europas unternimmt man in der Dauerausstellung „Die Suche nach dem vollkommenen Klang" eine Reise durch 500 Jahre Musikgeschichte und lernt zahlreiche Facetten der Musikstadt Leipzig kennen. Die Sammlung umfasst mehr als 5000 Instrumente, darunter kostbare Stücke aus der Renaissance und dem Barock, aber auch aus der Leipziger Bach-Zeit. Ein ganz besonderer Ort im Musikinstrumentenmuseum ist der **Zimeliensaal** mit der Silbermann-Orgel aus dem Jahr 1724. Hier finden zahlrei-

Ein besonderes Erlebnis ist es, wenn im Grassimuseum Stummfilmklassiker von der historischen Welte-Kinoorgel aus dem Jahr 1938 begleitet werden.

Grieg-Begegnungsstätte

Mendelssohn-Haus

che Veranstaltungen, wie zum Beispiel Kammerkonzerte, statt.

Wir verlassen das Museum Richtung Talstraße. Im Haus Nummer 10 befand sich der **Musikverlag C. F. Peters.** Auf Einladung seiner Verleger Max Abraham und Henri Hinrichsen weilten der norwegische Komponist und Pianist Edvard Grieg und seine Frau Nina während ihrer Leipzig-Aufenthalte in diesem Haus. Von 1876 bis zu seinem Todesjahr 1907 waren sie oft im Haus zu Gast. Dort, wo seine berühmte 1. Peer-Gynt-Suite entstand, befindet sich heute die 5 **Grieg-Begegnungsstätte** mit einer Dauerausstellung zum Leben und Wirken des Komponisten. Außerdem finden im Musiksalon zahlreiche Veranstaltungen und Konzerte statt. Auch an Schließtagen ist das Haus einen Besuch wert: Am Zaun befindet sich eine Lauschstation, an der man verschiedene Kompositionen von Grieg hören kann.

Jeden Sonntag um 11 Uhr erlebt man im Musiksalon eine Matinee mit Kammermusik am historischen Ort.

Wir biegen in die Straße An der Verfassungslinde ein, um gleich wieder rechts die Nürnberger und dann links die **Goldschmidtstraße** weiterzulaufen. Im Haus Nummer 12 bewohnte Felix Mendelssohn Bartholdy mit seiner Familie

DIE LENNÉANLAGE ALS TEIL DES PROMENADENRINGS

Die Lennéanlage ist Teil des Promenadenrings, der den Innenstadtbereich Leipzigs fast vollständig umschließt. Grünflächen sowie kleine und große Parkanlagen mit farbigen Schmuckbeeten reihen sich auf einer Strecke von 3,6 Kilometern aneinander. Sie bilden die ehemaligen Befestigungen rund um den Stadtkern nach. Als sie Mitte des 18. Jahrhunderts ihre Bedeutung verloren, beschloss man, sie zu schleifen und die so gewonnenen Flächen zu bepflanzen. Die Initiative geht auf den Bürgermeister Müller zurück, dessen Denkmal gegenüber vom Hauptbahnhof steht. Benannt ist die Anlage nach ihrem Schöpfer, dem Gartenbaumeister Peter Joseph Lenné. Hinter der Moritzbastei wurde ein kleiner Promenadenhügel angelegt, und im weiteren Verlauf folgt die große Wiese, die im Sommer gern für eine Pause im Grünen genutzt wird. Die Leipziger nennen diesen Teil des Rings übrigens Schillerpark. Zum einen steht ihm zu Ehren ein Denkmal im Park, und zum anderen trägt die daran anschließende Straße Schillers Namen.

Mendelssohn-Bartholdy-Denkmal

seit 1845 die Beletage. Hier verstarb er am 4. November 1847. Auch wenn er nur kurze Zeit hier verbrachte, ist es doch das einzige erhaltene Wohnhaus Mendelssohns. Auf drei Etagen des 6 **Mendelssohn-Hauses** kann man nicht nur in die Welt des Komponisten eintauchen, sondern auch in die seiner älteren Schwester Fanny Hensel, der die zweite Etage der Ausstellung gewidmet ist. Bei schönem Wetter lädt der Garten hinter dem Haus zu einer kleinen Verschnaufpause ein.

Wir verlassen das Mendelssohn-Haus über die Goldschmidtstraße, queren die Straße Augustusplatz und biegen hinter dem Gewandhaus in die **Lennéanlage** ein. Versteckt an der Wand zur Moritzbastei steht ein **Denkmal zu Ehren Robert Schumanns.** Es wurde von Dr. Philipp Curt Fiedler (damals anonym) der Stadt gestiftet und 1875 als weltweit erstes Denkmal für den Komponisten geweiht.

Neben dem Haupteingang des Neuen Rathauses am Martin-Luther-Ring steht Leipzigs letzte Gaslampe.

In der Schillerstraße befindet sich die **Musikalienhandlung M. Oelsner.** 1860 als Antiquariat gegründet, ist sie heute eines der ältesten Notenfachgeschäfte und das einzige in Sachsen. Max Reger, Yehudi Menuhin, Peter Schreier, Kurt Masur, Riccardo Chailly ... die Liste der Musiker, die hier ihre Noten kauften und kaufen, ließe sich unendlich fortführen. Auch heute ist „Musik Oelsner" immer noch die erste Adresse, wenn es um Noten geht.

Wir bleiben auf dem **Promenadenring.** Der Weg führt vorbei am Haus der Musikschule Leipzig „Johann Sebastian Bach". Hinter dem Neuen Rathaus biegen wir rechts ein.

Entlang der prachtvollen Häuser erreichen wir die Grünanlage am Ring. Repräsentative Schmuckbepflanzungen und zahlreiche Denkmäler wechseln sich hier ab und bilden mit der Westfassade der **Thomaskirche** ein beeindruckendes Bild. Hier steht das alte Bach-Denkmal, aber auch das überlebensgroße, fast monumental anmutende 7 **Mendelssohn-Denkmal.** Von seinem 4 Meter hohen Sockel blickt er seit 2008 erhaben auf die Besucher herab, und zu seinen Füßen sitzt Euterpe, die Muse der Musik und Lyrik. Warum aber steht Mendelssohn direkt vor Bachs

Bach-Denkmal

einstiger Wirkungsstätte? Der Komponist, Dirigent und Pianist Mendelssohn Bartholdy war prägend für die Musiklandschaft Leipzigs der ersten Hälfe des 19. Jahrhunderts. Er wurde 1835 Gewandhauskapellmeister, gründete hier 1843 die erste deutsche Musikhochschule, aber sein vielleicht größtes Verdienst ist die Wiederentdeckung von Bachs Musik. Man mag es heute fast nicht glauben, aber es gab eine Zeit, in der Bachs meisterhafte Werke in Vergessenheit geraten waren. Mendelssohn führte sie wieder auf und entfachte eine Bach-Renaissance. Er war auch Stifter des **alten Bach-Denkmals,** auf das er von seinem Sockel blickt. Nachdem Mendelssohns ursprüngliche Statue 1936 aufgrund antisemitischer Hetze entfernt und wahrscheinlich eingeschmolzen wurde, dauerte es Jahrzehnte, bis er wieder ein Denkmal erhalten sollte. Seit 1989 gab es Bemühungen, das verschollene Original zu rekonstruieren. Die Summe konnte dank Spenden aufgebracht werden, und letztlich wurde das Denkmal 2008 am jetzigen Platz eingeweiht.

An der Thomaskirche

Wir verlassen kurz den Promenadenring Richtung 8 **Thomaskirche** und tauchen in die Welt von Johann Sebastian Bach ein. Sein Leben und Schaffen sind eng mit Leipzig verbunden: Hier lebte er 27 Jahre, hier hatte er seine Hauptschaffensperiode, hier schrieb er so bekannte Stücke wie das Weihnachtsoratorium oder die Matthäuspassion. Direkt gegenüber der Thomaskirche, in der Bach als Thomaskantor tätig war, hat man ihm nicht nur ein neues Denkmal gesetzt, sondern auch ein Museum gewidmet. Im **Bosehaus** erfährt man mehr über Bach und die arbeitsreiche Leipziger Zeit, denn immerhin führte er jede Woche eine neue Kantate auf.

Das hieß auch, dass er neben dem Komponieren das jeweils neue Stück mit dem **Thomanerchor** einstudieren musste, damit es am Wochenende zur Aufführung kam. Zahlreiche Instrumente und Dokumente geben einen Einblick in Bachs Welt. Das moderne interaktive Museum lädt zum Mitmachen ein, so kann man zum Beispiel im Orgelraum durch Berühren der Orgelpfeifen verschiedene Melodien spielen.

Ein besonderer Höhepunkt in der Thomaskirche sind die Motetten freitags um 18 Uhr und samstags um 15 Uhr, die in der Regel vom Thomanerchor gestaltet werden.

Wir umrunden die Thomaskirche und biegen wieder auf den Promenadenring ein. Direkt am Dittrichring befindet sich im eindrucksvollen Gebäude mit der Nummer 21 eines der Gebäude der **Hochschule für Musik und Theater „Felix Mendelssohn Bartholdy“,** die den Namen ihres Gründers trägt. Nur wenige Meter weiter steht das zweite Denkmal für Richard Wagner, das 2013 anlässlich seines 200. Geburtstages eingeweiht wurde. Stephan Balkenhol integrierte in seine moderne Interpretation einen Sockel, der bereits 100 Jahre früher von Max Klinger geschaffen, aber nie vollendet wurde.

Wir steigen hinter dem Denkmal die Stufen hinauf, laufen links am Gebäudekomplex vorbei und biegen rechts in

Altes Rathaus

die Große Fleischergasse und danach wieder links in die Kleine Fleischergasse ein. Hier befindet sich eines der ältesten Kaffeehäuser Europas, das seinen Namen der eindrucksvollen Portalplastik verdankt: **Zum Arabischen Coffe Baum.** Seit 1711 wird hier Kaffee ausgeschenkt, und schon immer war es ein beliebter Treffpunkt von Künstlern und Gelehrten. So auch von Robert Schumann, der sich hier mit seinen Mitredakteuren der „Neuen Zeitschrift für Musik“, des kämpferisch-progressiven Organs des Kreises der „Davidsbündler“, traf.

Nikolaikirche

Der Weg führt weiter durch die Innenstadt, auf den großen Marktplatz und dort vorbei am 9 **Alten Rathaus.** In dem prächtigen Renaissancebau unterzeichnete Bach seinen Anstellungsvertrag als Thomaskantor. Aus heutiger Sicht klingt es unglaublich, dass er für die Aufgabe nur die dritte Wahl war. Zunächst wollte man Georg Philipp Telemann, der allerdings gerade in Hamburg angestellt war und die Stelle in Leipzig nur nutzte, um dort bessere Bedingungen auszuhandeln. Danach fragte der Rat der Stadt Christoph Graupner an. Er hatte eine Anstellung am Darmstädter Hof, und Leipzig war die Ablösesumme zu hoch. So fiel die Wahl auf Bach, der bis dahin in Köthen wirkte. Die ständige Ausstellung im Alten Rathaus zur Stadtgeschichte bindet auch wertvolle musikalische Exponate ein, unter anderem das berühmte **Bachporträt von Elias Gottlob Haußmann** aus dem Jahr 1746. Ein digitaler Bachparcour führt in der Ausstellung zu 19 Objekten, die mit dem Leben und Wirken des berühmten Komponisten verbunden sind.

Wer eine Runde um das Rathaus dreht, kann die längste Gebäudeinschrift Europas lesen.

Durch die Innenstadt führt der Weg über Reichsstraße und Schuhmachergässchen zur 10 **Nikolaikirche**. Da die Kirche keinen eigenen Kantor besaß, war Bach in seiner Aufgabe als „director musices“ auch dort für die Kirchenmusik verantwortlich. Unter anderem wurden in der Nikolaikirche 1724 die Johannespassion und 1734/35 das Weihnachtsoratorium zur Uraufführung gebracht. Die Ladegastorgel der Nikolaikirche ist die größte Kirchenorgel Sachsens und macht die Orgelkonzerte zu einem besonderen Erlebnis.

Wir queren die Grimmaische Straße und folgen der Universitätsstraße. Dort, wo heute das ⓫ **Städtische Kaufhaus** steht, befand sich bis 1894 ein zweiflügliger Bau, der unter dem Namen Gewandhaus als Messehaus der Tuchhändler sowie als Zeughaus diente. Im prächtigen Festsaal, der aufgrund seiner Holztäfelung über eine fantastische Akustik verfügte, fanden ab 1781 Konzerte statt. Das Haus gab den Konzerten und auch dem Orchester seinen Namen: Fortan sprach man von den Gewandhauskonzerten des **Gewandhausorchesters.** Ein Name, der bis heute jeden Musikliebhaber in Verzücken versetzt.

Von hier aus sind es nur noch wenige Schritte bis zur jetzigen Wirkungsstätte des berühmten Orchesters, dem **Gewandhaus am Augustusplatz** – unserem Anfangs- und Endpunkt des musikalischen Rundganges durch die Stadt.

Städtisches Kaufhaus

2., aktualisierte Auflage 2026

kontakt@droste-verlag.de
Konzeption/Gestaltung/Satz: Droste Verlag, Düsseldorf
Einbandgestaltung und Illustrationen: Britta Thiele, Marbach am Neckar
Fotos: Manja und Andreas Reinhardt
Textlektorat: Christoph Nettersheim, Nürnberg
Karten: Thorsten David, Bochum
Druck und Bindung: LUC GmbH, Greven
ISBN 978-3-7700-2556-5
droste-verlag.de

FSC
www.fsc.org
MIX
Papier | Fördert gute Waldnutzung
FSC® C011279